香港「由治及興」系列

香港創新科技發展之路

黃錦輝 著

中華書局

序　一

創科之路的探索與思考

香港特區財政司司長　陳茂波

創新科技是加速培育新質生產力、推動經濟高質量發展的關鍵引擎，也是香港推動經濟結構轉型、產業升級與社會進步的重要力量。過去幾年，政府大力投資基礎設施和配套、推動生態圈的建設，本屆政府在此基礎上，進一步提升促進創科發展的政策並持續投入資源，加上社會的認同與支持，創新科技研發與應用的成效持續展現，這個良好勢頭有利於香港競爭力的進一步提升和經濟更多元化高質量發展。

我們着重加強發揮「政、產、學、研、投」的跨界別協作，透過更好的互動與結合，讓政府、學術、研究及投資帶動前沿科技的探索與應用、人才與資金的匯聚。這個創科與投資相互促進的生態圈正蓬勃發展，「飛輪效應」正加速發揮。一連串的政策與舉措的目的是為創造更具活力、更完備、更具柔韌度並與國際高效連接的創科產業鏈和生態，為創科企業及初創團隊提供豐沃的土壤，為年輕人開拓廣闊天地，讓創科真正成為香港未來發展的動力核心。

錦輝兄作為積極參與本港創科發展的重要一員，長期專注在創新科技教育、政策研究及推廣工作。他這次發表的著作《香港創新科技發展之路》，以大量數據與政策脈絡，深入探討人才培養、科技教育、科研轉化、與大灣區合作等多個關鍵課題，並參考內地、美國、歐洲等地的經驗，提出一系列建議。這書讓我們能從他作為學者和立法會議員的視角，多角度了解創科發展的歷程、模式與路徑，並為政府的政制制訂及社會各界的研究提供重要參考，引發各界更多討論及參與建構更具活力的創科生態圈。

我們期待更多年青人和創業者、學者、投資人匯聚本港，發揮創科力量，支持科技賦能、產業升級、創新發展，讓更多年青人能結合創科的力量追尋夢想，並凝聚更大的社會力量，共同為香港的建設和繁榮發展、為國家的美好未來，貢獻力量。

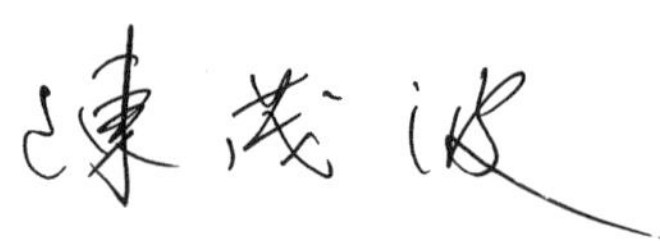

序　二

香港創科——見證到未來

查毅超　博士

翻開黃錦輝教授的新作，一股跨越時空的熟悉感湧上心頭。作為在工業和創科領域深耕四十餘年的從業者，我也親身經歷過香港製造業邁向創科產業轉型的陣痛與突破。當黃教授在書中回溯香港二十餘年的創新科技發展歷程時，那些產業隨時間變革的景象，也隨之在我腦海中浮現。

從科學園初創時的艱難探索，到如今生態圈內技術創新如星火燎原，書中每一段文字都與我親歷的行業軌跡緊密交織，產生了強烈共鳴。黃教授不僅是這部著作的書寫者，更是香港創科發展的見證者。我亦時常拜讀他在報章上撰寫的專欄，從字裏行間能感受到他作為有識之士，為香港整個創科產業積極發聲、不懈爭取的身影。

香港創科的發展，離不開黃教授這類有識之士的推動。記得在 2018 年，我剛剛擔任香港科技園公司主席時，曾提出五年培育 500 家初創企業的目標，不到三年便順利達成。如今，科技園成立已 20 多年，進駐了超過 2,300 家初創企業，大約 2.5 萬從業者中，研發人員多達 1.5 萬，佔全港研發人員的三分之一。作為香港最大的創科生態圈，科技園的蓬勃發展，有力推動了香港向亞太科技樞紐邁進，這是香港在科技創新領域的一次戰略突圍。

黃錦輝教授與這片土地的緣分，遠不止於書中記錄者的身份。作為香港中文大學工程學院的學者，他是眾多學子的良師；作為創科領域的先行者，他也曾是科學園裏不少從業人員的引路人。

在書中，黃教授從回顧香港創科發展歷程入手，逐步探討科技教育的創新與傳承，最後展望香港創科發展的未來方向。他記錄了科技創業者在寒冬中的堅守，也抒發了對本地創科未來的憧憬。

如今的香港創科，把握「一國兩制」的優勢，既擺脱了昔日代工經濟的附庸地位，也未有簡單複製其他城市的發展模式。它既彙聚了全球資本與技術，又深深紮根於本土產業基因的演進。黃教授的這部著作，封存了這座城市從「製造」向「智造」跨越的艱辛與榮耀。對我這樣的親歷者而言，書中每一頁都像是與舊我的重逢；對後來者來説，這更是一份珍貴的備忘錄。我也期待與黃教授等一眾遠見之士一起，繼續鞏固香港作為全球創新樞紐的地位。

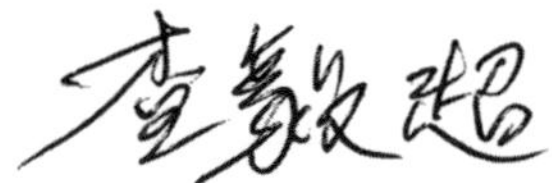

序　三

擁抱創科黃金時代

香港中文大學校長　盧煜明

縱觀人類文明進程，科技創新由始至終都是推動社會變革的關鍵力量。如今，香港作為國家「十四五」規劃下的國際創新科技中心，正以奮進之姿走在時代前沿，可謂佔盡「天時、地利、人和」。黃錦輝教授的《香港創新科技發展之路》梳理了香港創科歷史的脈絡，亦展望其發展的無限可能。同為深耕科研領域數十載的學者，很榮幸能為此書作序。

香港正值創科黃金時代，人工智能的崛起正重塑全球創科格局，而國家戰略明確支持香港發揮「超級聯繫人」角色，聯通內外、引領技術革新。香港特區政府近年投入數以千億元計的資金支持前沿研究，設有近 30 間研發實驗室，為創科業界提供世界級的支持，勢頭強勁。同時，國際地緣政治變局衝擊學術界，香港憑藉國際化氛圍與學術自由優勢，成為全球人才的避風港，吸引不少頂尖教研學者和優秀學子赴港工作和升學，為香港「搶人才」提供了良好契機，此為「天時」。

香港背靠祖國，面向世界，吸引海外學者參與區內的學術活動，是大灣區走向全球科創高地的橋頭堡。而大灣區龐大的市場和廣泛的應用場景，配合香港的普通法體系、自由港政策、低稅制環境，以及河套深港科技創新合作區的建立，亦能吸引有志於科技研發、落地創業的教授選擇在港研發，此為「地利」。

人才是香港創科最寶貴的資產。除了坐擁五所全球百強大學，香港還匯聚了不少世界前 2% 頂尖科學家，科研實力雄厚。這些頂尖學者不僅推動前沿技術突破，更有助吸引全球精英來港深造，形成「以才引才」的良性循環，為香港創科發展提供強力支撐。政府亦着重培育本地人才，大力推動 STEAM 教育，以激發下一代的科研熱忱，此為「人和」。

走在科研路上，猶如舉起火把，一點點照亮文明的邊界。參與科研工作，每一項技術的落地都在切切實實地改變世界，甚至是把「不可能」變成「可能」。一個發現、一個發明，或者會成為教科書的新章節，或者會拯救無數生命。香港已搭好創科的大舞台，歡迎敢於探索的人登上舞台，發光發熱。《香港創新科技發展之路》的出版，恰逢其時，冀望讀者能從中吸取經驗，共同投身這場以創新定義未來的偉大征程。

盧煜明

前　言

我的創科三十年：嘗試、探真、參與、傳承

我見證的香港創科從 0 到 1

本書乃筆者基於親身經歷，記錄香港創新科技領域三十餘載的發展歷程。筆者多年來積極投身其中，幾乎全程參與推動本地創新科技發展，涵蓋科技研發、成果轉化、產業化，以及創業等各個環節，得以親身見證香港創新及科技領域的滄桑巨變，亦目睹了科技的迅猛演進，恰如當下生成式人工智能（AI）已全面融入各行各業，深刻改變着社會與經濟的運行模式。

本書亦會沿着相關發展脈絡，深入剖析香港創新科技領域在不同階段所面臨的機遇與挑戰，展現各界人士為推動香港創科發展所付出的不懈努力，以期為讀者呈現一幅香港創新科技發展的全景畫卷。

四十年資科緣起

筆者自幼便對理科有濃厚興趣，故而於中學階段選擇理科方向。17 歲時，筆者與家人遠赴英格蘭，於愛丁堡大學攻

讀電子工程本科，自此開啟了與人工智能長達四十年的不解之緣。

筆者仍記得，初涉電腦領域時，所接觸的電腦體積龐大如山，編程需借助打孔卡完成，每行代碼需對應一張卡片，若程式出錯，便需逐張修改後重新插卡運行。及至攻讀博士階段，筆者聚焦於數據存儲研究，博士論文以數據垃圾演算法為核心，試圖解決有限內存環境下的數據管理問題。此研究看似聚焦於技術細節，實則為後來人工智能的數據處理邏輯埋下伏筆。恰如將雜亂內存中的「垃圾」有序清理，人工智能的發展亦需底層演算法的有力支撐。

博士畢業後，筆者加入德國慕尼克的歐洲電腦工業研究中心（European Computer-Industry Research Center, ECRC），隨後在 1993 年，筆者回到香港，於當年 5 月 1 日正式加入香港中文大學。彼時，本地大學的導師多由社會經驗豐富的人士擔任，因此，筆者成為首批回流香港、全職從事計算科學的研究人員。

回顧早期，筆者醉心於科研工作，但在中大通識教育理念的影響下，逐漸意識到科技與社會的聯結。自加入中大起，筆者開始與非工程領域的學者交流，同時深刻理解到技術若要真正改變社會，需跨越學科壁壘，融入人文關懷。

1996 年，香港回歸前夕，筆者與業界同仁察覺到當時的立法局始終未設資訊科技的功能組別議席，遂懷着「以民促官」的使命，團結一致，向政府反映業界意見，期望政府完善科技產業政策，提升香港國際競爭力，此即香港資訊科

筆者於 2013 年出席由香港資訊科技聯會主辦的亞太雲端應用創新論壇

技聯會的起源。聯會當年最成功的舉措，便是爭取立法會設立資訊科技功能界別議席（2021 年該界別由科技創新界功能界別取代），亦感謝時任特首董建華最終採納建議。這段經歷讓筆者明白：研究技術不僅要埋頭寫代碼，更要抬頭看社會，以專業知識推動政策進步。

2018 年，筆者當選全國政協委員，這為筆者提供了一個更廣闊的平台。筆者亦愈發清晰地認識到：香港的科技創新唯有與國家戰略深度融合，方能釋放更大能量。筆者開始積極宣導「科研需與國家聯動」；同時，推動香港高校與內地科研機構的合作，助力科技成果跨區域轉化。

2022 年底，在家人的支持下，筆者懷着「用科技賦能香港」的信念參加第七屆立法會補選，最終在各界支持下當選，正式成為香港立法會議員。履新之際，筆者確立「科學議政 科研興港 科技育才」的從政綱領，旨在以科技視角推動香港發展。

時至今日，人工智能（AI）浪潮席捲全球，深度融入社會生活各領域。筆者的政綱亦與國家近年推動的「新質生產力」及「教育、科技、人才一體化」戰略高度契合。這種「不約而同」，既體現科技發展的時代趨勢，亦印證香港與國家戰略同頻共振的必然邏輯，即唯有以科學思維議政決策，以創新技術驅動產業，以系統化教育培養人才，才能在全球科技競爭中築牢根基。

孵化產業落地經驗

自香港回歸以來，香港特區政府於創新科技及資訊科技領域投入頗多資源。筆者一直密切關注科技孵化落地的成效，以及科技轉移的實際狀況，故在擔任立法會議員後，多次於議會內向政府提出質詢並給予建議。

這一切經驗的積累，實則源於筆者於 1998 年成功將自身科研成果轉化，創辦了「慧科訊業」公司（Wisers Information Limited）。

回溯至 1994 年，筆者於香港中文大學任職的第二年，

筆者（右一）於 1998 年出席 WiseNews（慧科訊業）的開幕禮

便與所帶領的博士生團隊共六位成員，共同投入中文檢索系統的研發工作。其時，該項目的技術雛形已初具規模，且持續推進至 1996 年。在項目接近尾聲時，筆者留意到，當時互聯網正處於蓬勃興起階段，但網絡內容卻以英文為主導，中文數字化進程嚴重滯後。有鑒於此，團隊中的學生提出將該系統進行商業化的構想。1997 年，「慧科訊業」公司正式註冊成立，成為香港中文大學首批孵化的科技企業之一。

創業初期，香港紙媒仍以傳統形態為主，缺乏電子化的內生動力。我們遂轉變思路，以「助力紙媒數碼轉型」為切入點，運用自主研發的檢索技術，為中文報紙提供網絡內容索引服務。正是這段創業經歷，為筆者後續推動「科研興港」的理念奠定了堅實的實踐基礎。

針對「孵化產業要落地」的目標，筆者在過去的日子，不斷在推動技術商業化、產業合作和大學創業方面進行大量工作，並把握每個知識傳承的機會，組織了許多活動，以鼓勵小學生、中學生和大學生追求創新和技術上的探索。

筆者深信，科技必將成為香港未來發展的核心原動力。

破舊局　啟新程

筆者在過往文章中曾提及，創意產業是知識型經濟的關鍵，而發達國家尤其注重在科技創意產業上的投資。如今，AI 的發展被視為第四次工業革命，國家和香港均大力投入資源發展 AI，為未來深科技發展築牢了基礎設施根基。

回顧過去，政治爭鬥曾使香港的創新科技發展陷入停滯，與鄰近地區科技的蓬勃崛起形成鮮明對比。幸而，「港區國安法」的實施及《基本法》第 23 條的立法，使香港社會恢復了穩定，為創科發展創造了有利條件；特區政府也積極行動，努力追趕。

2022 年，創新科技及工業局推出《創新科技發展藍圖》，並隨後啟動了「產學研 1 + 計劃」、「創科產業引導基金」、「創科加速器先導計劃」等一系列計劃，有助加速科技成果的轉化與商業化。

俗語說「唔好畀佢停」，展望未來，筆者期望香港能憑藉自身獨特優勢，躋身全球創新科技研發與應用的前沿地帶。與此同時，希望香港能突破壁壘，進一步強化知識轉移能力，並與大灣區城市合作，攜手打造具有全球競爭力的數字產業集群，推動數字技術廣泛應用，提升區域數位化水準與整體競爭力，積極拓展國際市場，助力數字貿易和服務邁向全球化。

香港創科發展對國家繁榮具有重要助力。作為國家科技創新體系的重要組成部分，香港應與內地城市攜手合作，攻克關鍵技術，推動成果轉化，發揮國際化優勢，吸引國際科技資源，助力國家在全球科技競爭中贏得優勢。

目　錄

序一：創科之路的探索與思考（陳茂波）/ i

序二：香港創科 —— 見證到未來（查毅超）/iii

序三：擁抱創科黃金時代（盧煜明）/ v

前言：我的創科三十年：嘗試、探真、參與、傳承 / vii

上篇

香港創新科技發展回顧 1

第一部分：工業式微與創科斷層（1970—1990 年代）

一、工業北移與轉型困難 / 2

二、私人研發投資比例低 / 3

三、投資環境不利高科技產業 / 4

四、科技教育與人才培養不足 / 4

五、供應鏈受制於外部因素 / 5

六、產業空洞化與經濟結構失衡 / 5

第二部分：回歸後的創科發展（1997—2022）

一、董建華年代（1997—2005）——「從無到有　從 0 到 50」/ 9

二、曾蔭權年代（2005—2012）——「無奈倒退的創科格局？」/ 27

三、2012 年至今——「無懼風雨　把握機遇　急起直追」/ 31

中篇
科技教育的創新與傳承 53

第一部分：科技教育發展的進程

一、香港推動資訊科技教育的起步 / 54
二、發展路上遇到的爭議 / 56
三、學校從基本使用電腦，至發展資訊科技教育，及至現時所推動的 STEM 教育 / 59
四、政府的相關工作及曾推行的政策及措施 / 60
五、與學界攜手並肩 助科技教育向前 / 61

第二部分：創新科技教育的現況

一、STEM 教育的推動 / 65
二、人工智能（AI）應用及突破 / 69

第三部分：培訓科技人才

一、百強大學　頂尖學者 / 71
二、應用科學大學的設立 / 73
三、職業訓練：中層技術人員斷層 / 75

第四部分：支持與推動

一、推動與中文相關的科研項目 / 80
二、推動創科活動　激發學生興趣　加強解難能力　發掘優秀才能 / 80
三、加強學校數碼資源　運用 AI 照顧學習差異 / 84
四、發展北都區教育城　打造研發及科技轉移基地 / 85
五、完善政策　優化創科教育 / 87

第五部分：其他國家及地區的情況

一、中國內地 / 90
二、美國 / 94
三、英國 / 95
四、澳洲 / 97
五、愛沙尼亞 / 98

第六部分：展望

一、推動數字教育　促進香港教育轉型 / 103
二、制訂完善配套措施　迎接未來教育新局面 / 105

下篇
香港創科發展的未來路向 **115**

路向一：從大學到社會 —— 發揮大學優勢
完善創科生態 / 116
路向二：發展欣賞創科的本地文化 / 125
路向三：吸引人才 / 132
路向四：引進創科企業 / 140
路向五：加強與大灣區合作 / 147
路向六：完善創科生態圈 / 155
路向七：抓緊機遇　發展創科產業的策略性範疇 / 163

上篇

香港創新科技發展回顧

沒有過去　哪有現在　更談不上將來

經驗　或正　或負

促使我們成長　引導我們走上更正確的路

第一部分

工業式微與創科斷層

（1970 － 1990 年代）

香港的工業發展曾經輝煌一時，特別是在 1950 至 1970 年代，紡織、製衣、玩具、鐘錶等製造業蓬勃發展，製造業產值一度佔本地生產總值（GDP）的近 30%，從業人數更達勞動力總數的 40%。然而，1970 年代末起，香港的製造業逐漸式微，科技產業難以發展，主要原因有以下幾個。

一、工業北移與轉型困難

隨着營運和生產成本上升，加上歐美國家對香港實施貿易配額限制，許多本地廠商難以承擔高昂成本，開始將生產線遷往中國內地。內地改革開放吸引了大量港商北移設廠，如「田氏化工有限公司」在香港屏山（天水圍）廠房最多聘用 200 多人，在廣州開廠後，內地廠房最多卻能聘用 600 多人，生產量較屏山廠房時期增長約五倍。由於在降低成本的同時又能提高產量，故大部分香港本地工廠在 1980 年代開始轉移其工業生產線至中國內地。到 1980 年代，大部分製造業生產線已轉移，令香港的工業發展逐步衰退。

香港製造業原靠「代工生產」發展起來（英文簡稱

OEM），即按着企業委託而協助生產產品，只包括簡單的加工步驟，不涉及產品研發、設計等工序。然而，由於附加值低，毛利自然也低，很多時候因市場波動，來料價格或匯率稍為變動，廠家都大受影響，容易出現虧損狀況，因此難以蓬勃發展或繼續生存。在欠缺人手和資本的情況下，廠家儘管轉型至「原始設計製造商」（英文簡稱 ODM），即自行開發產品、設計和生產，但由於產品的附加值仍然偏低，毛利率沒有提升，而成本如人工和廠租卻一直攀升，故大多數廠商陸續倒閉。香港製造業的 GDP 佔比從 1980 年代初的逾 20%，跌至 1990 年代初的約 10%，到 2020 年更僅剩 1%。工業北移與轉型困難，使香港的製造業陷入衰落。

二、私人研發投資比例低

工業式微後，香港的企業更傾向投資於短期回報較高的金融和地產，而非回報周期較長且風險較大的研發項目，如創新科技、環保、文化創意產業等。1990 至 1997 年間，香港樓價屢創新高，樓市投資回報驚人，當時香港樓價正創出歷史高位，樓價上升幅度以倍數計算，不少人「炒樓」炒瘋了，很多收入一般的中產階級，一個人有多個樓房單位，也有很多人上午買樓，下午就成功賣掉，擁有充足資本的企業投資方則更甚。許多企業與個人將資本轉向地產，進一步壓縮了製造業與創科產業的資金來源。

當時，即使高科技企業（如：航太、藥劑、電腦及辦公室機器、通訊設備行業）在研發上或會獲得政府支持和資助，但整體投資比例仍較低，單靠政府資助不足以支持新興企業發展。相反，低科技行業（如：物流、餐飲）可能較易獲得資金，但已發展得相當成熟，欠缺創新和增長的潛能。

三、投資環境不利高科技產業

當時社會普遍存在「High Tech 揩嘢、Low Tech 撈嘢」的觀念，認為低技術產業回報更快、更穩定，而高科技產業則投資大、風險高，難以獲得盈利。例如，香港在 1990 年代曾有廠商計劃研發 GSM 第二代行動電話，但光是產品研發的起動成本便高達近億元，而且研發時間長，市場變化和風險都很大，所以企業對高科技行業缺乏信心，大部分投資者選擇避險，轉而投入樓市與股市，進一步削弱創科產業的發展。

四、科技教育與人才培養不足

香港長期缺乏針對高科技產業的教育與人才培訓。社會上缺少全面發展科技教育的配套（如：實習、體驗式學習），即使中小學也沒有太多推動 STEM 教學的經驗和資源。直到 2015 年，政府才在《施政報告》中正式提出推動 STEM 教育，並於 2016 年公佈《推動 STEM 教育 —— 發揮創意潛能》報告，提出更新課程、加強教師專業發展、增加學與教資源等措施。然而，學界普遍反映資源不足、課時有限，教師亦難以進行跨學科教學，令 STEM 教育發展緩慢。

在工業式微後，科技產業職位有限，即使有志投身此行業的年輕人，也難以在香港發展，造成科技人才流失，進一步削弱高科技產業的成長動能。

五、供應鏈受制於外部因素

發展高科技產業需要穩定的原材料供應，但香港並不具備完整的供應鏈。電子零件、玻璃等原材料主要依賴海外進口，容易受到地區性事件影響。例如，1997 至 1998 年亞洲金融風暴期間，不少電子廠因原材料供應受阻，難以從其他亞洲地區（如：中國大陸、台灣地區）輸入，導致生產延遲，業務受創嚴重，1998 年電子產品出口總值下跌約 20%。

此外，香港土地資源有限，租金昂貴，亦限制了新興產業的發展空間，使高科技產業發展更加困難。

六、產業空洞化與經濟結構失衡

隨着工業式微，香港的經濟模式逐步轉向金融、地產及商業服務業。2000 年，四大主要服務業（金融、旅遊、貿易及物流、專業及商用服務）在 GDP 的佔比為 49.4%，到 2007 年升至 60.3%，2014 年略降至 57.5%，但仍主導本地經濟。

相比之下，政府推動的六大新興產業（包括創新科技、環保及文化創意等）在 GDP 中的佔比僅從 2008 年的 7.4% 增至 2014 年的 9.2%，雖然有所增長，但總體規模仍遠低於傳統服務業。由於經濟結構過度依賴服務業，製造業與創科產業難以拓展，產業多元化受限。

經濟結構固化亦影響勞動市場。新興產業發展有限，導致青年就業選擇受限，缺乏向上流動的機會。部分年輕人選擇移民外地或北上內地發展，進一步造成本港人才流失，削弱本地創科產業的競爭力。

1970 至 1990 年代，香港經歷了從製造業興盛到工業式微的變遷，而創科產業亦因投資不足、人才短缺、供應鏈不穩及產業空洞化等因素而陷入停滯。工業北移導致製造業式微，企業轉向金融與地產，使創科產業缺乏資本支持；而教育與人才培訓的滯後，則進一步加劇科技發展的困境。這些因素共同導致香港的創科發展斷層，影響至今。

參考資料：

1. 張玉閣（2016 年 9 月 5 日）。〈創刊 70 週年報慶系列香港經濟七十年之製造業發展香港製造業：得而復失的坎坷路〉。《香港經濟導報》，第 1 期。
2. 香港記憶。〈香港戰後工業發展：生產線北移的背景和進程〉。取自：https://www.hkmemory.hk/MHK/collections/postwar_industries/All_Items/audio/201308/t20130827_64430_cht.html
3. 香港記憶。〈香港戰後工業發展：香港工業的興衰〉。取自：https://www.hkmemory.hk/MHK/collections/postwar_industries/industrialization_in_postwar_hong_kong/index_cht.html

4. 《Yahoo! 財經》（2021 年 8 月 16 日）〈【何謂 OEM】一文看清什麼是 OEM 代工，OEM 與 ODM 有何分別？〉。取自：https://hk.finance.yahoo.com/news/%E4%BD%95%E8%AC%82oem-%E6%96%87%E7%9C%8B%E6%B8%85%E4%BB%80%E9%BA%BC%E6%98%AFoem%E4%BB%A3%E5%B7%A5-oem%E8%88%87odm%E6%9C%89%E4%BD%95%E5%88%86%E5%88%A5-040841251.html

5. 《香港文匯網》（2022 年 10 月 22 日）。〈製造業佔港 GDP 比重冀 10 年內升返〉。取自：https://www.wenweipo.com/a/202210/22/AP63530465e4b016f20c7f5eb1.html

6. 曾淵滄（2022 年 7 月 4 日）。〈樓價的歷史〉。《智富雜誌》。第 767 期。

7. 伍志豪（2017 年 3 月）。〈從產業轉型看競爭優勢的重尋 - 香港回歸二十年（研究劄記）〉。《香港社會科學學報》。第 49 期，頁 118。

8. 高寶玉（2020 年 7 月）。〈STEM 教育在香港的發展〉。《香港 STEM 教育的挑戰及國際經驗的啟示》。第 1 章，頁 7—8。

9. 孫軍（2016 年 10 月）。〈香港經濟發展的歷程、困境與轉型：一個比較的視角〉。《滬港發展聯合研究所研究專論》。第 36 期，頁 11、13。

第二部分

回歸後的創科發展

(1997 — 2022)

回歸之前，香港政府並不重視科技產業發展，當時香港的經濟是以服務業為主，結構單一，集中在四大支柱產業，包括金融、地產、旅遊和貿易。這些產業當然有採用先進的資訊及通訊科技（ICT）以提升其效率和生產力，而且成效也不俗，但其科技只是以應用為主，用作支撐它上層的產業和服務系統，非常被動。政府並不重視科技，那段時間一班業界的熱心份子包括筆者在內，懷着「以民促官」的使命，團結一起，站出來向政府反映業界的憂慮，擔心香港在科技發展會不斷落後，國際競爭力會因此而嚴重受損。這便是「香港資訊科技聯會」的起源。「聯會」當年最具影響力的運動，莫非業界自發於 1996 年成功在立法機關爭取到「資訊科技功能組別」一席，筆者亦有幸參與其中。可惜之後，由於當時不良政治氣候，議會中每事以政治先行，令科技發展呆滯不前。

及至 1997 年回歸後，香港的創科發展才真正起步。歷屆行政長官多對創科發展出謀獻策，積極推動科技研發、轉化、對外合作及教育等工作，完善政策及彌補漏洞，為創科奠下良好的基礎。以下筆者將回顧歷任行政長官對創科的貢獻，以及社會各界對其施政的評價。

筆者（左三）於 2018 年出席香港資訊科技及通訊界聯合春茗

一、董建華年代（1997 – 2005）
——「從無到有　從 0 到 50」

回歸初期，企業對投資科技產業的意欲不大，本港亦缺少發展科技產業的原材料，加上地價高昂，這大大增加了發展科技產業的成本。有見及此，首任特區行政長官董建華決心促進香港經濟轉型，於 1998 年決定研究發展創科產業，作為經濟增長的新動力。為實現經濟轉型大計，董建華先後作出了以下措施，帶領創科發展「從無到有」，亦開展了第一個 50 億元資助計劃。

1. 成立「創新及科技委員會」

董建華甫上任後，於 1998 年 3 月便宣佈成立「創新及科技委員會」，由 15 位來自工商界、政府及學術界的專業人士組成，當中邀請了美國加州大學柏克萊分校校長田長霖教授擔任主席；成員則包括中國科學院路甬祥院長、香港科技大學張立綱副校長、2009 年諾貝爾物理學獎得獎者高錕教授、工商局局長和工業署署長等。委員會需就「如何實現香港成為南中國和區內的創新中心的抱負」，向行政長官提出意見。

委員會於 1998 年 9 月向行政長官提交了第一份報告，當中的主要建議均被董建華接納，並納入 1998 年的《施政報告》，當中包括：

- 成立一項 50 億元的創新及科技基金：用於資助初創的科技企業、生產商和機構，以減低進行科研的成本；
- 設立應用科技研究院：進行高質素的科研工作，並把其成果轉移至業界；
- 提出五大綱要：(1) 加強科技基礎設施和促進科技創業；(2) 儲備人才和資本；(3) 加強與內地在科技方面合作；(4) 鼓勵大學與產業建立夥伴關係；以及 (5) 減少在資訊、融資和規管方面的障礙。利用創科產業帶動本港經濟穩定增長，提升香港的競爭力。

該委員會於 1999 年 7 月向行政長官提交了第二份（最後）報告：

- 就累積人力資本、培養創新科技風氣、營造有利產業創新的環境、設立創新及科技基金和應用科技研究院提出建議：發展香港成為創新及科技中心，締造有利創科發展的環境。

委員會呈交的兩份報告勾劃出一幅藍圖，把香港發展成一個由知識帶動及科技密集的經濟體系，並為香港創科發展制定清晰方向和奠下良好基石，提高社會各界對創科的認知，建立以其帶動本港經濟增長的社會共識。

2. 成立創新及科技基金

董建華在接納田長霖教授的研究報告後，於 1999 年撥款 50 億元成立創新及科技基金，並成立創新及科技署負責管理。當中設有多項資助計劃，旨在協助香港企業提升科技水準，以及為其業務注入創新意念，提高企業的生產力和競爭力。發展至今，基金的六大計劃範疇包括：支持研究及發展、推動科技應用、推動新型工業化及發展新質生動力、培育科技人才、支援科技初創企業及培養創科文化 。

截至 2025 年 2 月 4 日，就支持研究及發展範疇，當中資助指定本地公營科研機構（包括本港大學）、研發中心及本地企業進行的研究及發展項目，如種子項目、中游研究、應用研發項目等，業界贊助至少 10% 的項目總成本，而政府贊助最多 90% 的項目總成本。同時，此範疇亦鼓勵香港與內地的科研合作，累計核准的資助金額為 174 億 5,770 萬，佔整體核准的資助金額 35.3%，為六大範疇中佔比最高的一個。

在推動科技應用範疇方面，此計劃資助促進本地企業、機構及公營機構的應用科技發展，如資助在香港進行研發活動的科技公司製作原型、樣板及在公營機構進行試用，資助率最高可達原來研發項目實際開支的 100%，其累計核准的資助金額為 75 億 7,690 萬，佔整體核准的資助金額 15.3%。然而，董建華在任時並未建立此範疇的資助，而是由後來數屆的行政長官建立及完善，乃至發展成現今的資助架構。

在培養創科文化範疇方面，此計劃資助本地創新科技文化的非研發項目（如會議、研討會、青少年活動等），以及資助首次專利申請者，使其能夠透過專利申請保護自己的發明，並把成果轉化為資產。在最初建立此資助時，申請者只能獲批最多 10 萬元的資助，現時則最多可獲批 25 萬元，或專利申請費用的 90%。其累計核准的資助金額為 14 億 5,680 萬，佔整體核准的資助金額 2.9%。

此創新及科技基金從六大範疇支持創科研發、應用和培訓，為有意發展科技領域的初創企業提供資金和研發設備，以此作為誘因和推動力，鼓勵和協助香港企業提升科技水準，並為其業務注入創新意念。

3. 成立應用科技研究院

在 2000 年，應用科技研究院（下稱應科院）成立，旨在透過進行高質素的科技研究發展工作而提升香港的競爭力。發展至今，此應科院設有五大技術部門，分別為可信及人工智能技術、通訊技術、物聯網感測與人工智能技術、集成電路及系統，以及先進電子元件及系統。而技術研發主要應用在六項重點範疇，包括：智慧城市、金融科技、新型工業化及智慧製造、數碼健康科技、專用集成電路及元宇宙。以上技術部門進行高質素的研發工作，並把研究成果轉移給業界，予以商品化，可透過技術特許授權、合約服務、「業界合作項目」和其他法律途徑達成。

截至 2023/24 年度，應科院已將超過 1,500 項技術轉讓給業界，並於中國內地、美國及其他國家獲授超過 1,100 項專利。舉例而言，應科院轉移至業界的其中一項技術是 5G 頻譜共用技術。對初創的科技企業而言，寬帶 5G 服務需要使用大量頻譜，5G 授權蜂窩頻段有限，且價格昂貴。5G 服務的主要成本是費用高昂的頻譜許可費和新設備成本，惟業界主要關注公網，對私有網絡和企業網絡部署的關注和支持不足。而這技術轉移當中的共用授權和非授權頻段能提高 5G 頻譜利用率，並降低頻譜授權和設備的成本。加上應科院的獨立諮詢服務，便能鼓勵及更好地支持企業部署 5G 基礎設施，提高業界進行研發的動機和意欲。

此外，對於有關研發全球定位系統科技企業而言，在全部車輛或行人定位目標上安裝高精度 GPS 接收設備來獲取其精準位置資訊的成本太高。當室內或城區沒有全球導航系統信號或信號不佳時，就無法或難以獲取準確位置資訊。對於道路安全、智慧交通等應用場景，則沒有統一的室內或外定位技術。而應科院把感知與高精度定位技術與企業共用，對室內或室外的車輛與行人定位提供低時延的綜合定位解決方案。它作為基礎技術，為車聯網、智慧城市、智慧移動和工業自動導引車等應用奠定了基石，同時減低企業在使用和研發全球定位系統時的成本。

除了轉移技術至業界，應科院亦致力培育科研人才和支援企業成長，如於2023年與香港科技大學合辦「兼讀博士生工作計劃」，旨在吸引本港創科人才投身科技行業，並為創科生態圈持續培育出創科專才，促進本港智慧城市及成為國際創科中心的長遠發展。在這計劃下，應科院與科大會聯合篩選申請人，獲選者將會受聘於應科院成為全職研發人員，並於科大修讀兼讀制博士課程，參與重點前沿科學領域如人工智能大數據、無線通訊、智慧城市及先進材料等研究，同時為其博士研究項目進行相關測試及研發。而應科院的資深研發人員可被任命為科大客席教授，擔任計劃學員博士論文的共同導師。截止現在，已有不少參加者在攻讀大學後成為全職的工程師或不同領域的科技員。

因着應科院推行眾多培訓科技專才的計劃，如「精英科技人才招聘計劃」、「兼讀博士生工作計劃」、實習等，讓參加者能直接在應科院工作，同時提供多元化的資助予計劃參加者，大大減低其入行門檻。

總括而言，政府成立應科院旨在透過協助應用研究、支持研究成果的轉移和推廣及加強大學與產業界的合作，而發展以科技為基礎的產業及培訓科技專才，則有助提升香港的競爭力和帶動經濟。

4. 成立香港科技園公司

董建華在2001年成立香港科技園公司（下稱科技園），以增設科技基礎建設，為初創的科技公司提供進行研發的空間，科技園亦因應業界在不同階段的需要，提供全面的服務和資助，以降低從事高科技行業的成本和門檻。

首先，科技園設有融資平台，這為企業家和投資者提供一個獨家的投資配對平台，使初創企業和科技公司的企業家能向潛在投資者介紹他們的創新意念，從而帶動資金籌集。科技園亦於 2015 年設立「香港科技園創投基金」，直接投資於種子輪至上市前階段的初創企業，同時與不同私人投資者合作進行共同投資，共同支援早期科技初創企業實現增長。自 2018 年起至 2025 年初，此投資基金已籌得 1,080 億元，超過 1,700 間科技公司受惠，並有着超過 4,500 次的初創科技公司與投資者的配對活動。可見，科技園協助企業獲得重要的初創資金，減低其發展業務的成本，推動本港科研發展 。

在技術支援方面，科學園的技術支援服務促進了技術組群的發展，其技術支援中心現時包括集成電路設計／開發支援中心、知識產權服務中心、材料分析實驗室、光電子開發支援中心、生物資訊中心及無線通訊測試實驗室。科學園按分擔成本的原則，提供合理收費的設施和設備，旨在減低產業從事高增值活動的門檻，並建立產業組群。

在培訓人才方面，科技園則推行了「科技創業培育計劃」，為新成立的科技公司提供低成本的辦公地方，並提供管理、市場推廣、財務及技術方面的協助，協助他們繼續成長，發展成健全的企業。科技園公司計劃每年支援超過 100 間科技培育公司，截至 2006 年，共有 18 間培育公司得到天使或創業投資基金垂青，共取得 6,923 萬元的資金，為有意投身科技業的專才和發展創科的企業建立階梯。至今，已有多達 850 個培育公司成功從創科培育計劃畢業，其中 80% 的畢業培育公司仍在營運，當中有四家已經申請在香港上市。

再者，科技園設有創新中心，讓科技公司和參與科技園公司科技創業培育計劃的公司進駐，並設有舉行研討會和培訓課程所需的設施。此中心提供的五大服務包括：為新成立的設計公司提供培育服務、出租辦公地方予設計公司、舉辦與設計有關的展覽、研討會和工作坊、設立與設計有關的資源中心、為專業設計師和使用設計服務的業界人士安排交流和聯繫的活動。

總括以上服務，香港科技園公司為科技企業和專才及應用提供便利，並支援其在本港發展、轉移及使用新科技或先進科技，增加專才入行的機會，帶動本港經濟。

筆者（左一）出席科技園公司的第五屆「創新競跑 10 公里 2018」

5. 啟用數碼港

董建華在 2003 年啟用數碼港，透過促進香港成為數碼科技樞紐，為香港締造嶄新經濟動力。數碼港透過培育科技人才、鼓勵年輕人創業、扶植初創企業，致力創造蓬勃的創科生態圈。同時，藉着與本地及國際策略夥伴合作，促進科技產業發展，亦加快了公私營機構採用數碼科技，推動新經濟與傳統經濟融合。

數碼港由政府以「香港數碼港管理有限公司」名義負責營運及發展，當中管理「數碼港培育計劃」，以支援本港資訊及通訊科技產業的發展。現時參加此計劃的公司在 24 個月培育期內可獲使用免租工作間，以及獲發最高 33 萬港元財務資助，幫助創業家及初創企業加快業務增長。此外，數碼港管理公司現時亦營辦「數碼港加速器支援計劃」，協助數碼港的受培育公司及已完成培育計劃的公司開拓國際市場及接觸國際投資者，每間成功申請的公司可獲最多 30 萬港元的資助額，減少發展創科產業的成本和阻礙。

在培訓和推廣方面，受數碼港培育的公司現時除獲全方位的創業支援外，更可獲發最高 50 萬元財務資助以支持業務發展，及高達 20 萬元駐場租金補貼，以鼓勵企業致力培育科技人才及推動科技產業。

簡言之，數碼港為科技公司提供先進完善的資訊科技、電訊基建設施和資金，並透過培訓而提高專才的入行機會，從而推動本港的創科發展，帶動經濟。然而，數碼港在成立前及成立開始時，被政界及市民批評是地產項目，即為發展豪宅、酒店的工程，甚至視這為「官商勾結」、「向私營公司輸送利益」的劣行。因當年數碼港未經公開招標便向盈科拓展集團（現稱電訊盈科）批出發展權，授權其負責興建數碼港部分設備，如辦公室及科技支援設施；加上盈科向政府提出修訂建議，加設附屬住宅發展項目，並為計劃提供所需資金。故此，時任行政長官董建華當時被大眾質疑其繞過立法會，向盈科輸送利益。後來，數碼港在金融科技、電競產業等都陸續做出貢獻，這些負面批評才慢慢消減。

6. 成立工商及科技局

董建華在 2002 年成立工商及科技局，由工商局和資訊科技及廣播局合併而成，專門負責香港的工業、商業、通訊及科技事務，制訂及推行各項政策及措施，推動本港創科發展。其轄下部門包括：政府資訊科技總監辦公室、電訊管理局、創新科技署、知識產權署、投資推廣署、工業貿易署及香港經濟貿易辦事處。

在推動創科發展上，政府在 2006 年為創新科技署成立五所研發中心，推動和統籌重點範疇的研發工作，並推動研發成果商品化及技術轉移，當中包括：汽車科技研發中心、香港微電子研發院、香港紡織及成衣研發中心、物流及供應鏈多元技術研發中心及納米及先進材料研發院。截至現時，此五所研發中心已分別進行了多項研發項目，並獲贊助資金、獎項及商品化研究所得的技術。舉例而言，香港紡織及成衣研發中心截至現時已授獲 201 個智慧財產（技術專利），包括：「冷氣除濕系統」、「再生纖維素複合纖維及其製備方法」、「可拉伸柔性複合織物及其應用」等技術，並把這些技術授權至業界，以共用資源。同樣地，汽車科技研發中心亦進行了多項研發項目，並獲批贊助資金，例如「利用記憶體處理系統實現自動駕駛的高效物體偵測」項目獲 560 萬元的資金贊助。此外，汽車科技研發中心已授權轉讓多個技術予業界，如：「智能電力分配系統」、「自動駕駛運載系統」、「小巴起動警示系統」等，惠及大眾。

此外，為加強內地與香港的合作，創新科技署與國家科技部於 2004 年成立「內地與香港科技合作委員會」，加強兩地聯繫，邀請香港的專家參與內地中長期科技規劃和制定標準，以促進兩地產業和科研機構的交流和合作。專責小組在 2004 年舉辦了多次研討會，而在 2002 年 9 月首次推出的「粵港科技合作資助計劃」，更受到科研界和產業界的廣泛支持。

另一個轄下部門 —— 投資推廣署，則致力於為投資者提供一站式的投資推廣與支援服務，為有意在港尋找直接投資機會的商家及公司提供有關香港經濟環境及投資形勢的最新資料。就投資創科產業而言，投資推廣署配合國家商務部於 2004 年 8 月底公佈的一項便利政策，制定了一系列名為「投資香港一站通服務」的新措施，為有意利用香港作為「走出去」平台的內地企業提供簡便快捷的服務，提高外地及海外企業投資香港創科的意欲。在實行此策略後，投資推廣署在 2004 年已成功協助了 205 間外資公司在港開業或擴充業務，較 2003 年大幅增加 44% 的業績。而已完成的項目直接為本地創造超過 3,000 個職位，而這些公司亦計劃於往後兩年在港額外創造至少 4,600 個職位，涉及投資額逾 46 億 6,000 萬港元。在 2005 年，投資推廣署進一步加強針對內地企業的投資推廣工作，為準投資者和有關當局舉辦更多推廣活動，以及安排投資考察團來港訪問，加強內地和香港在創科上的合作。

至於另一轄下部門——資訊科技及廣播科，於 2003 年 7 月起改名為「通訊及科技科」，並於 2004 年與資訊科技署合併成「政府資訊科技總監辦公室」，負責提供資訊設備和技術支援予企業發展娛樂、電影、音樂、遊戲、多媒體等創科範疇。在 2003 年，資訊科技及廣播科在數碼港設立「數碼媒體中心」及「無線通訊應用開發中心」，有助開發數碼娛樂的內容及測試有關的應用技術，為業界和中小型企業提供有關的測試設施、技術支援、資料庫及展覽場地，大大降低中小型企業開拓數碼娛樂業務的門檻。

把辦公室遷進數碼港的租戶，可享用數碼港內各項資訊科技及電訊設施，包括互聯網私人網絡、無線區域網絡、衛星共同天線系統，以及視像會議、培訓室及展覽廳等多元化的商業設施。資訊科技及廣播科協助鞏固數碼港作為區內資訊科技樞紐的地位，為有意發展創科業務的企業和中小企業提供多元化的便利，推動本港的創科向前邁進。

工商及科技局支援企業在資訊、娛樂、多媒體等娛樂和創科產業上的發展，透過提供資訊設備、技術支援和投資平台而提高企業發展創科的意欲，從而推動本港的創科發展。

7. 河套區

董建華在上任後已有意推動港深邊境發展，提出發展「河套區」這概念。河套區鄰近落馬洲，原本是深圳市內地皮，後因深圳河拉直，使河套區納入香港境內。董建華有意發展園區成為聯通內地與國際的科技創新樞紐，成為國家培育發展新質生產力的重要策源地，並促進香港與內地在經濟及創科領域的交流和合作，從而刺激本港經濟。此概念亦獲當時的「長實」主席李嘉誠的支持，提倡將河套區變身成加工區，在邊境加設工廠。

然而，當時此計劃受到大量政界人士反對和批評，他們除了擔心會嚴重破壞施工範圍的生態環境，影響瀕危鳥類和國家級受保護動物棲息，還認為會引起受影響村民的反對聲音和安置問題等。當時的工商及科技局局長曾俊華更大潑冷水，狠評這計劃不合時宜，原因包括：河套區未有足夠基建配合、開發成本高昂、工商界與勞工界就輸入勞工並未達成共識、不適宜回頭發展勞工密集的工業；反之，應主力發展創科產業，以及無需在邊境免稅加工區設廠，而應把這些工廠設在現有的工業區，這有助香港工業區的使用率，亦可以

2008 年筆者與業界就河套區發展創科舉辦「深港合作與河套開發集思會」

避免同一時間增加供應。董建華因面對政界種種反對聲音，致河套區在當時未有發展。

然而，在 2017 年，香港和深圳兩地達成合作備忘錄，正式將河套區業權及管理由香港擁有。而在 2020 年深圳經濟特區成立 40 周年慶祝大會上，習近平主席在講話中提出「六個要求」，包括貫徹全新發展理念；全面與時俱進深化改革；全面擴大開放國內國際雙循環；創新思路推動城市治理體系和治理能力現代化；以為人民打造美好生活為改革目標；積極深入推進粵港澳大灣區建設。每項要求中又有很多實際的內容，既是對深圳的要求，也是對香港特區和澳門特區的要求。在第六個要求中有這樣一句：「積極作為深入推進粵港澳大灣區建設，要規劃建設好河套深港科技創新合作區，以大灣區綜合性國家科學中心先行啟動區建設為抓手，加強與港澳創新資源協同配合。」也就是說，「要規劃建設好河套深港科技創新合作區」是香港的責任，發展河套區將會是必需履行的事。加上近十年深圳在科技產業上的發展蓬勃，基建配套亦愈見充足，這增加本港政府與深圳聯手合作科技產業的意欲，促使特區政府重新審視及規劃河套區的發展。

在 2024 年 11 月，現任行政長官李家超公佈了《河套深港科技創新合作區香港園區發展綱要》（《發展綱要》），提綱挈領地闡述河套香港園區的願景與使命、發展歷史背景和依據、園區的重點發展方向、策略和目標，以及促進港深兩地園區跨境要素流通的便利措施，為香港園區訂下清晰的發展方案。

參照立法會最新一份有關河套區計劃的報告，當中創新科技及工業局局長孫東在 2025 年 1 月的立法會會議上提出最新發展方案，包括把河套香港園區第一期的總樓面面積倍增至 100 萬平方米，並會以功能區塊形式劃分，主要設有生命健康科技區、人工智能與數據科學區和新科技與先進製造區等。此外，園區公司亦正就河套香港園區的第二期發展進行詳細規劃，如制定四大發展方向，包括：打造世界級產學研平台、建設具國際競爭力的產業中試轉化基地、營造全球創科資源匯聚點及開闢制度與政策創新的試驗田，以構建蓬勃的創科生態圈。在現階段，政府會以兩個五年期為河套香港園區的里程碑。期望至 2030 年，河套香港園區第一期有序落成，與深圳園區基本形成高效創新的協同機制，兩地開放合作持續深化，創新要素跨境便捷流動的效率愈見提升，為進一步推進河套香港園區全面發展奠定穩固基礎；亦期望至 2035 年，河套香港園區全面發展格局形成，整體創科生態蓬勃，協同深圳，將河套合作區推至國際領先地位 。

截止現時，政府已大力及積極推動河套區的發展，加強與深圳在創科上的合作，惟這種發展步伐比最初預期的已落後許多年了。

8. 應對經濟逆轉措施

董建華甫上任後，於 1997 年便發生亞洲金融危機，香港成為其中一個受影響的地區，經濟全面逆轉。在 1998 年，本港經濟步入衰退，連續四季錄得負增長，本地生產總值較 1997 年下跌 5.1%。失業率由 1997 年底的 2.5%，上升至 1998 年底的 5.7%，升幅超過 1 倍。資產價格亦繼續下跌，截至1998年底，物業價格已由1997年10月的高峰下跌超過40%。1998年夏季，股價自1997年的最高峰下跌約50%。其後，本港市場又發生一系列經濟波動，港元、本地股票和期貨市場再度持續遭受投機者大舉狙擊，刻意製造市場恐慌，意圖操控利率、股票和期貨定價，牟取暴利。當時本港經濟受到嚴重打擊，出現高通脹、失業率攀升，市民的經濟壓力和怨氣大增，社會上出現示威和抗議，市民對政府失去信心。此外，當時的經濟狀況不利於投資，故投資者信心喪失，使本港資本大大減少。

當時，董建華實行了一系列措施以緩和亞洲金融危機對本港經濟的打擊，包括：對銀行實施更密切的監管、推行更妥善的企業管理、推行更完善的宏觀經濟政策、調整工資等及協助各行各業減低營商成本等措施。在經濟漸趨平復和穩定後，董建華深明香港的經濟不能再單靠服務業、地產來維繫，必須透過多元化的產業來刺激經濟。同時，他亦深明香港不能靠貨幣貶值來提高競爭力，因香港依賴進口程度極高，一旦貨幣貶值後，勢必刺激物價工資全面上漲，反而削弱競爭力。故此，在平息經濟波動後，他積極推動創新及科技發展，期望通過提升科技水準來帶動經濟增長；又倡導經濟多元策略，以減少對單一產業的依賴。此舉為香港科技生態系統的發展奠定了基礎，屬於前所未有的和極具前瞻性的策略。然而，在亞洲金融危機過後，本港亦接連發生各樣社會和經濟困境，如：科網股泡沫爆破、「沙士」疫症爆發、「八萬五」房屋政策被阻、《基本法》23條立法被推倒等阻力，使董建華滿腹的創科大計未能順利推行。

9. 社會對董建華創科施政之評論

關於董建華在創科上的施政，社會各界既對此表示贊同，亦帶有批評。在贊同方面，董建華能洞悉香港經濟結構過於單一的問題，決心促使香港經濟轉型，成為創科之路的開拓者。在 1997 年 10 月，董建華發表其第一份《施政報告》，當中承諾「協助香港經濟邁向高科技及高增值」，可見那時他已能洞悉香港發展創科對經濟的重要性。故此，他在甫上任後便成立了「創新及科技委員會」，負責制定發展創科的藍圖，此委員會就「如何實現香港成為南中國和區內的創新中心的抱負」，向行政長官提出意見。

董建華亦為此設立「創新及科技基金」，資助應用研究項目，為有意在港發展創科的企業提供重要的始創資金，這改變了以往政府只資助基礎研究的做法，為香港創科產業發展向前邁進了一大步。此外，董建華上任後成立科學園、數碼港和工商及科技局以推動研發工作，並鼓勵研發者把研究成果商品化，惠及大眾。以上基建為初創科技公司提供設備、技術和資金上的支援，減低其入行的門檻。這一系列的措施為創科產業的不同持份者創造良好的發展環境，在那時代屬極具前瞻性的策略。

然而，部分社會大眾卻批評董建華在任時未能把握與深圳合作發展創科的先機，以致錯失良機，導致深港融合緩慢。在 1997 年，深圳市沒有什麼高科技產業，深圳期望與香港攜手，利用深圳河套地區共同發展高科技和高增值產業，但這卻未能得到香港的積極配合，原因在於當時本港的基建未能配合、欠清晰及全面規劃、各界並未達成共識等，以致當時未有與深圳合作發展。

現在，深圳已成為內地高科技和高增值產業發展最為蓬勃的城市，高科技和高增值產業出口居內地之首，湧現出華為、中興、騰訊、大疆等一大批國際知名企業。而毗鄰的香港，發展高科技和高增值產業仍處於起步階段，更談不上具國際知名度的科技企業。故此，部分大眾批評董建華在任時期，本有機會帶領香港與內地聯手發展創科，但最終卻未能把握這個極佳的機會。即使早有良好願景、制定了創科藍圖和建設創科基建，卻未能善用資源，發揮其最大用途，終導致本港創科的發展步伐遠遠落後，現今仍處於「追落後階段」。

雖然「往者不可諫」，但「來者猶可追」。壯志未酬的董建華在卸任後亦不忘其推動本港創科的宏願，以另一個角色推動香港發展高科技和高增值產業。在 2014 年 11 月，董建華率頭創立「團結香港基金」，並擔任榮譽主席。透過集結各地精英，為特區政府、公共服務機構及市民提供公共政策分析及建議，其旗下三大營運組織持續推動五大方向，包括：公共政策研究和倡議、推廣中國文化、編纂《香港志》、推動科技創新及聯通世界。就推動科技創新而言，基金會歷年來舉辦了「創科博覽」、「香港創業青年內地行」及「香港創新領軍人物大獎」等多個標誌性項目，其中展示國家創科成就的「創科博覽」更成為基金會的旗艦活動。以上活動對推動科技創新及提升香港競爭力有一定幫助。

在 2015 年 12 月，該基金發佈了由港科院創院院長、香港大學前校長徐立之教授領導撰寫的團結香港基金第二個研究報告——《香港創新科技業概況研究報告》，並舉行科技創新高峰會，邀請社會各界及業內人士，就創科課題出席研討及交流。該報告重點提到「香港 STEM」（科學、技術、工程及數學）行業形成了一個科研和工程人員供求不足的惡性循環，帶出本港政府需致力挽留及培育科技人才，以確保本港創科能持續穩定地發展。可見，董建華在卸任後，仍然積極推動本港的創科向前邁進，把其昔日在創科上的宏願重新實現出來。

回顧董建華任內對香港創科發展的貢獻，他上任之初便積極推動相關政策，提出一系列具前瞻性的創科策略，包括成立創新及科技委員會和創新及科技基金，設立應用科技研究院、科技園及數碼港，成立工商及科技局，並提出河套區發展計劃，為香港創科發展奠下重要基石。惟任內社會及經濟環境變化，使部分創科政策未能完全落實，亦錯失與深圳合作發展的契機。筆者深信，儘管香港創科發展仍處於成長階段，但我們並沒有氣餒，各界現正加快步伐推動創新科技，令本港創科生態逐步成熟。作為香港創科發展的先行者，董建華的貢獻實不容忽視。

二、曾蔭權年代（2005 － 2012）——「無奈倒退的創科格局？」

第二任行政長官曾蔭權的施政方針是「我會做好呢份工」，但「呢份工」卻絕對不是創科。適逢曾蔭權接任時，香港仍處於環球金融風暴的餘波之中。從2003年下半年起，總體經濟開始緩慢回溫，一直維持上升趨勢。面對尚未從經濟危機中完全恢復過來的香港，這屆政府將其建功的用心主要放在經濟發展上。因此，曾蔭權政府一改董建華時期大力關注創科的施政方略，政策的重心重新落於容易立見成效的地產、金融領域。

這一點在名義上就可見一斑。2007年，曾蔭權進行了一系列政府總部的重組計劃，其中值得注意的是，他在科技業界（包括筆者）紛紛站出來極力反對的情況下，依然充耳不聞，堅持把原先的「工商及科技局」改名為「商務及經濟發展局」，即把「科技」從政策局中除名。雖說原先的「創新科技署」仍會作為其下屬單位履行職能，但似乎此項變更更多是為將科創行業視為服務於總體經濟發展的工具之一，而沒有特別關注到創科活動所能帶來的經濟結構轉型的潛能。「科技」一詞的消失意味着香港本地科技發展回到回歸前的起步點。

曾蔭權於2009年《施政報告》中，提出推動發展六大優勢產業，包括：檢測和認證、醫療服務、創新科技、文化及創意產業、環保產業及教育產業，認為該等產業對香港經濟發展起着關鍵作用，並承諾會推動業界採用更多創新科技，使香港走向知識型經濟。可是「雷聲大雨點小」，成績卻不太顯著，科學園、數碼港、六所應用研究中心等已有的創科設施並沒有好好地被利用，香港的經濟還是「食老本」，離不開地產和金融。

誠然，在政策的執行方面，不能說這屆政府沒有恪盡職守，我們仍看到了許多輔助政策落地的行動。曾蔭權是第一位公開提出香港參與國家五年規劃的行政長官，他成立了四個專業小組，收集業界意見和建議制定「《「十一五」與香港發展》行動綱領」，當中包括筆者也有參與討論提建議的第四組中之「信息、科技」專業。自此，之後的香港政府都有積極參與國家十二、十三、十四個五年規劃，且在香港與內地創科合作方面逐步加深加闊。

另一方面，曾蔭權政府延續之前的道路，繼續保持對於科學園和數碼港這兩個科技創新基地的開發力度。在其任內，科學園二期落成，三期投入動土，成為香港科創行業的主要聚點：截至 2012 年 9 月，科學園內共有約 390 家科技公司，首兩期的整體出租率約 95%；各類和科技有關的活動在科學園舉辦，旨在促成各個地區的創科交流和合作，並且向公眾推廣創新科技文化，如應科院科技項目推介會、一年一度的「創新科技嘉年華」和「小科學家夏令營創作成果展」等等。

然而，在扶持新興產業方面，卻未見具有針對性的配套政策跟上，以至於總體香港的經濟結構就創科活動而言轉型失敗：創新科技活動佔本地生產總值的比重在 2008 年的 0.6% 和 2012 年的 0.7% 之間基本持平；在六大優勢產業內部，也遠遠不及文化創意產業的生產總值比重的增長幅度，較之同期四大支柱產業所佔生產總值的比重仍然遙不可及，其時本港經濟可謂仍然高度依賴地產、金融服務等傳統產業。

除卻香港本地的政策變動之外，香港的創新科技發展亦受到內地相關政策的影響。與內地科技活動的合作是觀察創科發展過程不可忽視的一環，在 2005 年，經國家科技部批准，香港大學兩間國家重點實驗室夥伴實驗室開幕，是境外首次，亦是香港首批國家重點實驗室。當中的「新發傳染性疾病實驗室」，重點研究禽流感、沙士等傳染病；「腦與認知科學實驗室」的研究項目則包括讀寫障礙、自閉症等。目前，香港共有十六所國家重點實驗室及六所國家工程技術研究中心香港分中心。

「國家重點實驗室計劃」是由科技部管理的主要國家科技發展計劃之一，主力為各種產業提供專門的知識與技術支援。自 2011－12 年度起，創新科技署每年透過創新及科技基金向香港的國家重點實驗室及香港分中心提供資助，作為額外的資金來源，以便它們制訂較長遠發展計劃，以及新增所需的基礎設施，提升科研能力。然而，增加國家重點實驗室的撥款雖有助於提高香港各大高校的科研質素，並推動創新型的科研成果誕生，但在將這些成果商業化，進而納入到香港經濟的整體結構之中卻愛莫能助，還是不足以對實現香港「知識型經濟」的構想造成可視的正向影響。

總而言之，雖然曾蔭權積極推動六大優勢產業的發展，並承諾會推動業界採用更多創新科技，使香港走向知識型經濟，但其時的經濟結構並未因此而得到轉型，本港經濟仍然高度依賴地產、金融服務等傳統產業；加上，政府未有對新興產業提供足夠支援，相關的專業技能和人才亦見匱乏，並沒有建立有效的市場機制使得新興科技落地，產生成規模經濟價值，香港在科技創新領域仍然難以與其他地區競爭。

三、2012年至今
——「無懼風雨 把握機遇 急起直追」

2012年至2022年是充滿挑戰的10年。2014年及2015年香港違法「佔中」事件爆發，立法會反對派議員集體「拉布」阻礙立法會進程；2019年，逃犯條例修訂事宜引發香港「黑暴」動亂爆發；緊隨其後2020年新冠疫情爆發，阻礙了本地經濟正常運作，人員交流基本停頓。然而，這10年也是香港的發展角色逐漸清晰的時刻。2020年6月30日，十三屆全國人民代表大會常務委員會第二十次會議通過了「港區國安法」；2021年，香港行政長官和立法會議員選舉制度改革，使香港「由亂及治」；2019年國家公佈的《粵港澳大灣區發展規劃綱要》和2021年「十四五」規劃，則

筆者（左六）與創科界人士一同爭取成立創新及科技局

創科界人士一齊「剪布」

確定香港要成為國際創新科技中心的角色，給香港「由治及興」指引了方向。

在本階段，香港特區行政長官梁振英（2012－2017）、林鄭月娥（2017－2022）及李家超（2022－）先後在其施政報告中展現出對創科產業發展的高度重視，有關政策更是一任多於一任，且更系統化。2015 年，創新及科技局成立；2017 年，林鄭月娥設立創新科技督導委員會，從政策制定的最高層面且通過跨部門協調來規劃和督導創新發展。在林鄭月娥政府時期，對於創新活動的範疇也做出了八個劃分：增加研發資源、匯聚科技人才、提供創投資金、提供科研基建、檢視現行法規、開放政府數據、牽頭改變採購方法和加強科普教育。

另一方面，再工業化亦成為了伴隨創科出現的詞彙。香港製造業佔本地生產總值（GDP）的比重逐年下降，從2012年的1.52%降至2021年0.95%的水平。2016年，政府《施政報告》首次提及「再工業化」；2017年，科技、創新與「再工業化」委員會成立，香港開始正式推動再工業化；隨後2022年，《施政報告》宣佈專門成立「工業專員」一職，專責統籌和督導促進香港創科產業和「再工業化」發展的政策工作。政府當局的「再工業化」政策，是聚焦以物聯網、人工智能、新材料及智慧生產工序等為基礎，引進及發展適合香港的高端製造業，並促進香港傳統製造業升級轉型，以創新科技提升香港製造業的競爭力。在《香港創新科技發展藍圖》中，給「再工業化」定下了清晰的目標：希望在2025年達到1.5%的製造業佔比，在2030年達到5%的佔比。

1. 施政報告與財政預算案

在這階段，《施政報告》和《財政預算案》在資金資助、稅務激勵、研究發展、科技基礎設施、成果轉化、政府建制、支援服務、人才培養／吸引、科技推廣應用、引資、深港互動、普及科創文化、推動科創教育等方面分別推動創新進程，施政內容龐大，範圍覆蓋廣。

在資金資助上，新設立了企業支援計劃，在科技園和數碼港分別成立了科技企業投資基金和數碼港投資創業基金，向創新科技基金及社會注資近200億元。為鼓勵更多企業在香港進行研發活動，2017年《施政報告》提出為企業進行「合資格研發活動」的開支提供額外稅務扣減。企業就「合資格研發活動」支付給「指定本地研究機構」的款項和企業的「合資格開支」的總額的首 200 萬元，可獲 300% 稅務扣減，餘額亦可獲 200% 扣減，額外扣稅金額不設上限。

研究發展方面，特區政府成立新資助計劃，並向研資局、科學園、創新科技基金投入約 350 億元。

科技基礎設施方面，特區政府推出「青年共用空間計劃」，建設第五期數碼港，注資 160 億元鼓勵大學翻新，尤其是科研設備等的設施；重啓馬料水填海計劃，88 公頃新土地做創新發展用途；啓動「InnoHK 創新香港研發平台」首批約 20 間研發實驗室。

成果轉化方面，則向成立了技術轉移部門的六所大學提供六年資助，每所最高可獲撥款 1,200 萬元，另創新及科技基金推出新計劃資助六所大學科技創業。

政府建制方面，「創新科技局」、「創新、科技發展與再工業化委員會」於 2015 年先後成立，設立工業專員專責統籌和督導促進香港創科產業和「再工業化」發展的政策工作。本階段人才引進計劃和人才培育計劃湧現，包括「科技專才培育計劃」、「博士專才庫」企劃、「傑出學者計劃」、「傑出創科學人計劃」、「高才通」計劃、「科技人才入境計劃」等，政府同時向研究基金注資 30 億元為學生提供助學金，以吸引他們投身研究工作。

在科技推廣應用方面，政府推出了科創生活基金和科技券計劃，並在 2022 年中向「建造業創新及科技基金」再注資 12 億元，繼續為業界提供財政資助以推動業界應用創新科技。

本階段政府十分重視吸引外資以加快本地「再工業化」的進程，數碼港成立「易着陸」計劃，吸引跨國公司設立辦公室和研發單位；政府成立「引進重點企業辦公室」和「引進重點企業諮詢委員會」，並從「未來基金」撥出300億元，成立「共同投資基金」，以共同投資模式引進和投資落戶香港的企業。

兩地互動方面，特區政府和深圳市政府簽訂合作備忘錄，在香港落馬洲河套地區發展「港深創新及科技園」，土地面積是科學園的四倍，並在「一區兩園」的基礎上，與深圳研究在深港科技創新合作區試行專屬跨境政策，還與內地有關部門研究促進內地數據向香港流通的特定便利安排，以及於2023年在大灣區推出數據跨境流動試行計劃。

為普及科創文化和推廣科創教育，政府斥資5億元推動「中學IT創新實驗室」計劃，向每所資助中學提供100萬元自行購置所需設備與服務；又撥款2億多元，推動「奇趣IT識多啲」計劃，資助小學通過課外活動加強學生對資訊科技的興趣、認識及應用。

2. 香港創新科技發展藍圖

2022年12月，創新科技及工業局發表《香港創新科技發展藍圖》，提出香港創科未來四大發展方向和八大重點策略，勾畫香港創科在不同階段的發展目標，並提出可供參考和量度的發展願景指標。

創科藍圖八大重點策略如下：

（一）完善創科生態圈，促進上中下游相互發展

（二）推動科技產業發展，實現香港「新型工業化」

（三）豐富創投融資管道，支持初創和產業發展

（四）普及創科文化，提升整體社會創科氛圍

（五）充實創科人才資源，建設國際人才高地

（六）加快香港數字經濟和智慧城市發展步伐，提升市民生活質素

（七）深化與內地創科合作，更好融入國家發展大局

（八）善用香港國際化優勢，拓展環球創科合作

創科藍圖四大方向分別為：

（一）完善創科生態圈推進工業化

（二）壯大人才庫

（三）推動數字經濟建設智慧香港

（四）融入國家發展大局，聯通內地和世界

創科藍圖創新地提出制定產業政策，聚焦生命健康科技、人工智能與數據科學及先進製造與新能源科技等產業的發展。在實現新型工業化的具體建議中，優先推動「引進龍頭產業」，隨後「加強支持策略產業」和「推動科技研發」，體現了政府的創新工作次序。加強成果轉化落地同樣在藍圖中被強調，創科及工業局在 2023 年推出 100 億元「產學研 1 ＋計劃」，以配對形式資助不少於 100 個有潛質成為初創企業的大學研發團隊，把優秀科研成果商品化。2024 年 5 月，創新科技署公佈首批落實參與計劃的 24 個資助項目，涵蓋多個科技領域，包括健康及醫藥科學、新材料及新能

源、人工智能及機械人、電機及電子工程、工程、先進製造、中醫藥，以及環境農業及海洋生物，資助金額總值超過10億元。計劃的第二輪申請在2024年10月31日截止。

壯大創科人才庫在創科藍圖中單獨作為一個發展方向，計劃從學習的各個階段入手培養創科意識和專業能力；當中更多的建議集中在吸引和挽留外部人才，與實現新型工業化部分步調一致。

在發展指標方面，藍圖以研發、初創企業、人才、產業發展為四個範疇，分別包含以下指標：本地研發總開支佔GDP比例、人均本地研發總開支、公營機構與私營機構研發開支比例；孵化企業數量、獨角獸企業數量（累計數）；創科產業從業人員人數、每千人創科從業人員人數；製造業佔GDP比例。

3. 創新主體

在這一階段，創科終於在2015年隨着創新及科技局的成立被提到了決策局的地位，而每屆政府也有相應為政府提供諮詢和建議的委員會。六所高等院校成立了技術／知識轉移部門，專門負責將科研成果轉化或孵化為初創企業。人才引進方面，增加了輸入內地人才計劃、科技人才計劃、高端人才通行證計劃等名額。招商引資方面，政府專門成立了引進重點企業辦公室和引進重點企業諮詢委員會，聚焦生命健康科技、人工智能與數據科學、先進製造與新能源科技等產業，吸引龍頭創科企業落戶香港。數碼港也成立「易着陸」計劃，吸引跨國公司設立辦公室和研發單位。科研基建方面，四倍於科學園面積的深港創新及科技園開始建造。

與此同時，各項計劃湧現，廣泛覆蓋了初創企業融資資助（科技企業投資基金、飛躍企業促進計劃、科創創投基金、企業支援計劃）、研究與發展（院校中游研發計劃、研究配對補助金計劃、創新及科技支援計劃、企業支援計劃、夥伴研究計劃）、科普教育（中學 IT 創新實驗室計劃）、技術傳播與應用（創科生活基金、科技券、再工業化資助計劃、建造業創新及科技基金）、技術轉化（大學科技初創企業資助計劃、創新及科技支援計劃、夥伴研究計劃）、人才培養培訓（實習研究員計劃、創科實習計劃、創新及科技基金研究人才庫、再工業化及科技培訓計劃、建造業創新及科技基金、傑出學者計劃、傑出創科學人計劃）。

表1　2012年至今香港創新主體與項目計劃

	政府部門	大學	公營機構／法定機構	私營機構	項目計劃
研究與發展		大學	香港生物科技研究院 HKIB 應用科技研究院 ASTRI 香港科技園公司 STP 香港設計中心 HKDC 汽車科技研發中心 物流及供應鏈多元技術研發中心 納米及先進材料研發院 香港紡織及成衣研發中心 創新香港研發平台 InnoHK (Health@InnoHK，AIR@InnoHK) 教育資助委員會 UGC（院校中游研發計劃、研究配對補助金計劃） 研究基金 REF	企業	大學與產業合作計劃 創新及科技支援計劃 投資研發現金回饋計劃 企業支援計劃 夥伴研究計劃
人才引進		大學			輸入內地人才計劃 優秀人才入境計劃 「高才通」計劃 科技專才培育計劃

（續上表）

	政府部門	大學	公營機構／法定機構	私營機構	項目計劃
教育科普		大學	香港科學院 教育資助委員會 UGC 研究資助局 RGC		中學 IT 創新實驗室計劃 「奇趣 IT 識多啲」計劃
融資資助			香港科技園公司 STP（科技企業投資基金、飛躍企業促進計劃） 香港生物科技研究院 HKIB 教育資助委員會 UGC 交易所（香港「創業板」GEM）		創新與科技基金 ITF
技術傳播與應用			生產力促進局 HKPC	產業、商業與專業人士組織（協會）	大學與產業合作計劃 創新及科技支援計劃 創科生活基金 科技券 再工業化資助計劃 建造業創新及科技基金
技術轉移		大學	應用科技研究院 ASTRI 汽車科技研發中心 物流及供應鏈多元技術研發中心 納米及先進材料研發院 香港紡織及成衣研發中心 教育資助委員會 UGC（院校中游研發計劃）		大學與產業合作計劃 專利申請資助計劃 創新及科技支援計劃 大學科技初創企業資助計劃 創新及科技支援計劃 夥伴研究計劃
科研基建		大學	香港科技園公司（實驗室、創新斗室） 應用科技研究院 ASTRI 香港生物科技研究院 HKIB 數碼港 Cyberport 深港創新及科技園（在建）		「青年共用空間計劃」 馬料水填海計劃
兩地互動		大學	深港創新及科技園（在建）		粵港科技合作資助計劃
政策制定	創新科技及工業局 「工業專員」 教育局 創新科技署 創新、科技及「再工業化」委員會 香港創新科技及產業發展委員會				

（續上表）

	政府部門	大學	公營機構／法定機構	私營機構	項目計劃
培養、培訓及使用人才		大學	職業訓練局 VTC 研資局 UGC（傑出學者計劃、傑出創科學人計劃） 研究基金 REF	產業、商業與專業人士組織（協會）	實習研究員計劃 創科實習計劃 創新及科技基金研究人才庫 再工業化及科技培訓計劃 建造業創新及科技基金
招商引資	投資推廣署 引進重點企業辦公室 引進重點企業諮詢委員會		數碼港 Cyberport（易着陸計劃）		

本階段創新系統的績效優化顯著，無論是初創企業數目、研發開支、研發人員數目、資助項目和計劃的覆蓋範圍、人才引進計劃的成效，都有明顯的提升。

2012 年至 2021 年間，研發總支出年均增長率達到 7.25%，較曾蔭權執政時期（2005－2011 年）4.15% 的年均增長率增速有了明顯提升。無論是以進行研發活動的機構類別劃分或以資金來源劃分的研發開支，研發支出佔比結構在這段時期均較為穩定，但可以發現工商部門的研發支出佔比呈緩慢的下降趨勢，參見附圖。

本階段的人才輸入計劃湧現，相比上一階段收效顯著。2016 年至 2021 年，僅科技人才入境計劃、輸入內地人才計劃和優秀人才入境計劃，已接獲了 72,767 人次的申請，平均每年約 14,553 人次。根據累計的輸入內地人才計劃和優秀人才入境計劃獲批數據，25.11% 的優秀人才入境計劃獲批者從事資訊科技行業工作，20.27% 和 3.8% 的輸入內地人

按進行研發活動的機構類別劃分的本地研發總開支（百分比）（2012－2021）

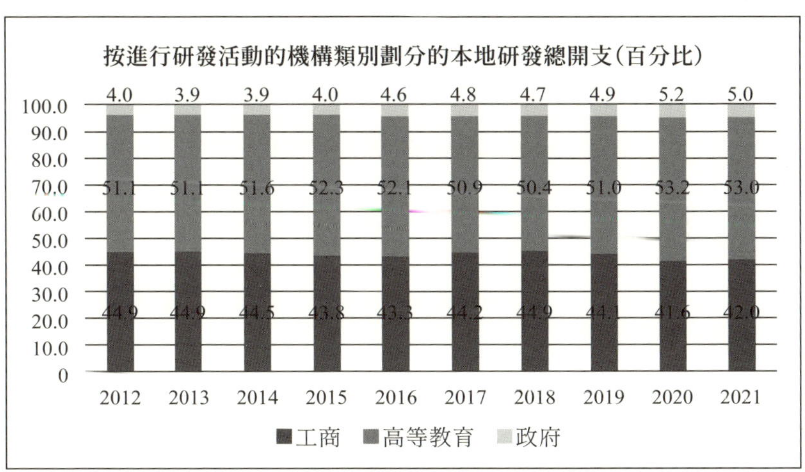

數據來源：C&SD

按資金來源劃分的本地研發總開支（百分比）（2012－2021）

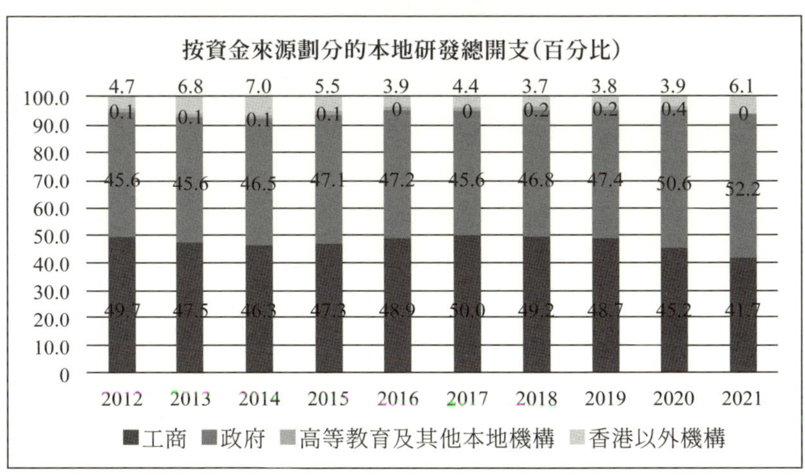

數據來源：C&SD

才計劃獲批者分別從事學術研究及教育和資訊科技工作，為香港吸納了大量科技從業人員。

本階段創新系統逐漸覆蓋了創新的各個範疇，創新科技署作為向各創新範疇提供資金的重要政府主體，其2021－2022財政年對項目和計劃的撥款資助相比2017－2018財政年翻了不止一倍，達到了40億元，2017－2021年間總共撥款超過150億元。根據創新科技署對旗下各計劃和基金歷年運作數據統計，若以資助金額為衡量尺度，研究和發展佔所有額度的46.8%，其次是培育科技人才（14.1%）和推動科技應用（12.8%），隨後是培養創科文化（3.5%）和支援初創企業（0.9%），「其他」佔21.8%。若以核准項目數量為尺度，則推動科技應用（42.9%）和培育科技人才（39.3%）佔主導地位，其次是研發（11.8%）和培養科創文化（6.1%）。

表2 創新科技署撥款資助情況（2017－2021）

	創新科技署的撥款資助 百萬港元							
資助類別	應用研發項目	科技應用	再工業化及科技培訓項目	專利申請資助計劃	公營科技支援機構的營運	技術轉移及科技創業	推廣創科文化	總計
2017-2018	1,149.5	61.5		42.0	509.7	47.5	47.9	1,858.2
2018-2019	1,199.7	67.3	11.3	36.0	525.8	46.6	49.1	1,935.8
2019-2020	1,528.4	164.7	5.7	30.0	537.5	94.6	47.1	2,408.0
2020-2021	4,189.3	231.5	11.2	15.0	558.5	96.2	102.2	5,203.9
2021-2022	2,619.4	412.8	62.4	31.1	630.6	104.0	180.6	4,040.9

數據來源：C&SD

香港初創企業在本階段數量激增。初創企業數量是作為體現本地創新系統績效最為直接的指標之一。根據投資推廣署公佈的數據，企業數目在 2021 年的上升幅度達 2014 年的 3.5 倍以上，而初創企業的僱員人數也在此期間翻了將近 6 倍，充分體現本階段創新系統優化對初創企業的鼓勵。2020 年初創企業的僱員驟降，反映了 2019 年社會暴動和 2020 年新冠肺炎疫情對經濟的打擊，但在特區政府的有效管理下，僱員數目隨着初創企業的增加而在 2021 年得到反彈。

香港初創企業統計數據（2014–2021）

數據來源：C&SD

本階段的創新系統有如下特點：首先，社會資金資助在創新各個範疇激增，從研發到技術轉移、應用、科普教育和人員培訓均廣泛覆蓋。其次，政府創新地設立了引進重點企業辦公室，通過引進特定產業的跨國公司，逐漸使私營部門成為科創研發的重要力量，同時給本地企業引入競爭，提高市場效率。再者，豐富的針對人力資源計劃使香港人才庫得到充分擴充和調配。香港亦改變了其提升創新能力的路徑，其再工業化政策聚焦以物聯網、人工智能、新材料及智慧生產工序等為基礎，強調引進及發展適合香港的高端製造業，促進香港再工業化。此外，香港與內地的科研合作不斷增加並深化，香港科研資源與內地共用。

在整體政策制定上，本階段政府的科創政策制定體現出顯著的政府主導干預的特徵，不僅展現出推動創新的堅定決心，且全力加速促成再工業化。特區政府開始聚焦特定科技領域制定產業政策，並首次展現出對吸引外資的高度重視，希望以外資來加快再工業化的進程，以及提升本地科創能力、豐富本地人才庫、提高私營機構在研發支出中的佔比，使香港創新系統向經濟合作暨發展組織（OECD）所描繪的以企業為中心的形式靠近。

4. 走過風雨　共迎未來

然而，本階段也有不少挑戰湧現，阻礙創科發展的進程。眾所周知，梁振英非常支持香港發展創新科技，並且大力推動香港與內地創科合作，他上任初期便提出成立專責統籌創新及科技的政策局，但無奈未被立法會通過；直至 2015 年經過多番協商，立法會議員才接納政府創立「創新及科技局」的建議。其時，香港政治氣氛又於 2014 年急轉直下，違法「佔中」、立法會衝突及「拉布」、政治問題爭拗不絕等，嚴重影響政府運作，使梁振英的創科發展大計裹足不前，連累到曾制定多項突破性創科政策的創科局局長也被傳媒追究，批評其政策「堅離地」，沒有具體方向。政治不穩定再次耽誤了香港的創科發展。

及至林鄭月娥時期，亦無奈因「黑暴」事件、新冠肺炎病毒疫情、中美貿易戰、俄烏衝突等複雜及不明朗因素的影響，使其創科發展大計受到嚴重打擊，進展與理想有很大差距。她於上任時承諾在其任內把香港研發總開支與 GDP 的比例從 2016 年的 0.73% 倍增至 1.5%，但最終卻未能達標。直到 2023 年 2 月，中央政府和香港特區政府放寬出入境防疫管制，全國和特區經濟才從非常態進入向常態恢復的反彈。

時光飛逝，回顧過去幾任行政長官施政，他們都想為香港經濟持續增長出一番力，認為香港傳統經濟結構單一，必需盡快轉型，他們都相信朝着世界經濟發展大趨勢，創新及科技產業是香港的未來。可惜，在過去 25 年，歷屆政府施政都面對社會政治氣氛惡化、港英政府因循的工作態度、保守的傳統法律及立法體制的掣肘、企業唯利是圖「搵快錢」的短視營商文化等內部因素影響，再加上其他外來環境的衝擊——中美摩擦、俄烏戰爭、新冠肺炎等負面因素，香港創科發展之路可謂崎嶇不平。

近年，自從「港區國安法」立法和「完善選舉制度」推出了之後，香港內部影響因素漸漸緩和，政治爭拗大大減少，社會及政府的運作因此正逐步回復正軌，惟外部因素在未來幾年依然維持不明朗。幸而，在「背靠祖國，面向世界」的地緣經濟優勢之下，香港以祖國為依託，發展國際經濟，可以穩守而突擊，戰略性地抓緊大灣區、「一帶一路」等發展機遇，避開歐美呆滯不前的市場。在這些有利的內外條件配合之下，香港政府和產、學、研、用、投各界別便可以安心地更專注發展香港創新及科技產業，推動香港經濟更上一層樓。

觀乎現今狀況，未來 5 至 10 年將是香港創科發展的關鍵時期，李家超所領導的特區政府可謂任重道遠。李家超曾在不同公開場合中，多次强調香港「無創科無未來」，同時表示冀能帶領香港成為「國際創科中心」，這思路正是上述「背靠祖國，面向世界」發展策略的最佳體現。這亦成為了創新科技及工業局的頭等任務，利用它來提升香港競爭力。筆者欣見本屆政府已成功逐步引入不少內地及國際創科企業來港落戶發展，推動香港再工業化；期望我們能好好把握大灣區及「國際創科中心」的機遇，更有效推動創科發展，培養更多香港科技「獨角獸」，為香港經濟持續增長努力，提升香港的國際競爭力。

參考資料：

1. 鄒重華（2016 年 1 月 27 日）。〈香港回歸後推動創新科技的開拓者：首任行政長官董建華先生〉。取自：https://www.bhkaec.org.hk/a/46653-cht
2. 創新科技署（1998 年 9 月）。〈行政長官特設創新科技委員會第一份報告〉。取自：https://www.itc.gov.hk/ch/doc/First_report_98_(Chi).pdf

3. 創新科技署（1999 年 6 月）。〈行政長官特設創新科技委員會第二份報告〉。取自：https://www.itc.gov.hk/ch/doc/Second_and_Final_reports_99_(Chi).pdf

4. 創新科技署（2004 年 7 月 3 日）。創新及科技基金。取自：https://www.itf.gov.hk/tc/home/index.html

5. 香港應用科技研究院。取自：https://www.astri.org/tc/

6. 香港科技大學（2023 年 1 月 31 日）。〈科大與應科院聯合開辦首個兼讀博士生工作計劃 培育科研人才 完善創科生態圈香港科技大學〉。取自：https://seng.hkust.edu.hk/zh-hant/news/20230131/kedayuyingkeyuanlianhekaibanshougejianduboshishenggongzuojihua-peiyukeyanrencai-wanshanchuangkeshengtaiquan

7. 香港科技園公司。取自：https://www.hkstp.org/zh-hk/

8. 立法會（2006 年 12 月 19 日）。〈香港科技園公司的工作〉。取自：https://www.legco.gov.hk/yr06-07/chinese/panels/ci/papers/ci1219cb1-486-3-c.pdf

9. 數碼港。取自：https://www.cyberport.hk/zh_tw

10. 立法會（2017 年 7 月 12 日）。〈香港的創新科技產業〉取自：https://www.legco.gov.hk/research-publications/cn/1617fsc21-innovation-and-technology-industry-in-hong-kong-20170712-c.pdf

11. 香港紡織及成衣研發中心。取自：https://www.hkrita.com/

12. 汽車科技研發中心。取自：https://www.apas.org/zh-hant/

13. 立法會（2005 年 1 月 4 日）。〈二〇〇四年香港投資推廣活動：創下歷來最高紀錄〉。取自：https://www.info.gov.hk/gia/general/200501/06/0106136.htm

14. 立法會（2005 年 1 月 18 日）。〈工商及科技局局長立法會工商事務委員會匯報全文〉。取自：https://www.info.gov.hk/gia/general/200501/18/0118171.htm

15. 立法會（2003 年 11 月 15 日）。〈數碼娛樂業前景蓬勃〉。取自：https://www.info.gov.hk/gia/general/200311/25/1125200.htm

16. 立法會（2003 年 6 月 27 日）。〈數碼港邁向資訊科技新紀元〉。取自：https://www.info.gov.hk/gia/general/200306/27/0627213.htm

17. 立法會（2004 年 2 月 4 日）。〈立法會第十三題：深圳河河套地區〉。取自：https://www.info.gov.hk/gia/general/200402/04/0204192.htm

18. 《香港文匯報》(2003 年 9 月 30 日)。〈曾俊華：暫不設邊境加工區〉。

19. 洪錦鉉（2020 年 11 月 26 日）。〈以創新思維加速推進河套區建設〉。《港人講地》。

20. 香港政府新聞網（2024 年 11 月 20 日）。〈政府公布《河套深港科技創新合作區香港園區發展綱要》〉。取自：https://www.info.gov.hk/gia/general/202411/20/P2024112000134.htm

21. 中華人民共和國香港特別行政區政府創新科技及工業局。〈立法會：創新科技及工業局局長就「加速推進河套香港園區發展，打造新經濟增長點」議員議案總結發言〉。取自：https://www.itib.gov.hk/zh-hk/legislative_council_business/speeches/2025/pr_20250109.html

22. 任志剛（2011 年）。〈總裁報告〉。取自：https://www.hkma.gov.hk/chi/publications-and-research/annual-report/1998/ch01.shtml

23. 《香港文匯網》（2022 年 6 月 2 日）。〈回歸 25 年大事記 1998：迎戰亞洲金融風暴 香港國際機場啟用〉。取自：https://www.wenweipo.com/a/202206/02/AP6298227fe4b033218a4feb55.html。

24. 立法會。(1998 年 6 月 22 日)。〈行政長官紓緩經濟困境措施講話〉。取自：https://www.info.gov.hk/gia/general/199806/22/0622144.htm。

25. 饒餘慶（1998 年 4 月）。〈亞洲金融風暴對中國和香港的影響和啟示〉。《二十一世紀評論各界評論》。第 46 期，頁 15。

26. 鄒重華。〈董建華爭取科創壯志未酬 來者可追〉。團結香港基金。取自：https://www.ourhkfoundation.org.hk/tc/media/commentaries/%E8%91%A3%E5%BB%BA%E8%8F%AF%E7%88%AD%E5%8F%96%E7%A7%91%E5%89%B5%E5%A3%AF%E5%BF%97%E6%9C%AA%E9%85%AC-

%E4%BE%86%E8%80%85%E5%8F%AF%E8%BF%BD。

27. 團結香港基金網站。取自：https://www.ourhkfoundation.org.hk/。

28. 周琳琳（2022 年 8 月 21 日）。〈李焯芬：香港需多搶創科人才 還需留住人才〉。《香港文匯網》。取自：https://www.wenweipo.com/a/202208/21/AP63020ecbe4b033218a5e6736.html。

29. 立法會秘書處（2015 年 2 月）。〈香港的四大支柱及六大產業：回顧與展望〉。取自：https://www.legco.gov.hk/research-publications/chinese/1415rb03-four-pillars-and-six-industries-in-hong-kong-review-and-outlook-20150209-c.pdf。

30. 政制及內地事務局（2007 年 5 月 3 日）。〈行政長官宣布重組政府總部〉。取自：https://www.cmab.gov.hk/tc/archives/press/press_544.htm。

31. 行政長官 2009 年施政報告。取自：https://www.policyaddress.gov.hk/09-10/chi/index.html

32. 香港特別行政區政府財經新聞（2006 年 8 月 16 日）。〈科學園首期出租率九成〉。取自：https://www.news.gov.hk/isd/ebulletin/tc/category/businessandfinance/060816/html/060816tc03001.htm。

33. 香港特別行政區政府新聞公報（2009 年 10 月 14 日）。〈行政長官宣布計劃推動六項優勢產業〉。取自：https://www.info.gov.hk/gia/general/200910/14/P200910140173.htm。

34. 中華人民共和國香港特別行政區政府創新科技署。〈國家重點實驗室及國家工程技術研究中心香港分中心〉。取自：https://www.itc.gov.hk/ch/collaboration/skl_and_hkbcnercs.html。

35. 創新科技署（2011 年 2 月）。立法會 CB(1)1319/10-11(01) 號文件。〈香港十二間國家重點實驗室夥伴實驗室近年的工作及研發成就〉。取自：https://www.legco.gov.hk/yr10-11/chinese/panels/ci/papers/ci0118cb1-1319-1-c.pdf。

36. 立法會（2007 年 1 月）。〈專業服務、信息、科技及旅遊小組建議的行動綱領〉。取自：https://www.info.gov.hk/info/econ_summit/chi/pdf/pitt_aa.pdf。

37. 立法會（2007 年 1 月）。〈專業服務、信息、科技及旅遊 專題小組報告〉。取自：https://www.info.gov.hk/info/econ_summit/chi/pdf/pitt.pdf。

38. 中華人民共和國香港特別行政區政府創新科技署。〈研發開支額外稅務扣減 - 指定本地研究機構〉。取自：https://www.itc.gov.hk/ch/fund_app/dlri/dlri.html。

39. 香港特別行政區政府新聞公報（2024 年 9 月 6 日）。〈「產學研 1+ 計劃」接受第二輪申請〉。取自：https://www.info.gov.hk/gia/general/202409/06/P2024090600621.htm。

中篇

科技教育的創新與傳承

追求科學與知識　不應是孤單的

只有教育與傳承　才能把智慧延續

甚至發揚光大

第一部分

科技教育發展的進程

一、香港推動資訊科技教育的起步

上世紀七八十年代，電腦技術逐漸普及，商業機構開始應用電腦來提升營運效率，學校亦開始關注如何將電腦技術引入課堂，有大專院校甚至嘗試把原有的應用數學或電子工程等科目轉型，以迎合社會對電腦人才的需求。1982 年，政府開始在中四及中五試行開設電腦科，1984 年，香港舉辦了首屆中學會考電腦科考試，1987 年開始在初中試行普通電腦科，並於 1992 年在中六及中七開設了 A-Level 電腦科及 AS Level 的電腦應用科。

當時的電腦科課程，着重把電腦科學作為學習對象，內容包括電腦的功能、現代信息處理的方法、電腦在現代社會的應用，也包括讓學生透過學習編寫程式，培養解決問題的技巧。

及至 1997 年，時任行政長官董建華在其首份施政報告中提出要將資訊科技在教育上的應用普及化，並把「資訊科技教育」作為其施政重點之一，鼓勵學校利用電腦輔助各個學科的授課和學習，提高教與學的成效。因此，全面在香港中小學推動把電腦作為學習工具，用於各學科的教學。翌年，政府推出了第一個資訊科技教育策略，並挑選 10 所小學及 10 所中學參與資訊科技教育先導計劃，以探討及制定在教與學方面應用資訊科技的最理想模式；又強調教師應接受培訓，以提升資訊科技素養，為制定未來政策作充分準備。此後，政府陸續推出第二、三及第四個資訊科技教育策略，透過提供電子學習資源、建立無線網絡校園、推動流動電腦裝置等方式，使科技教育進一步發展。

2015 年 1 月，時任行政長官梁振英在施政報告提出要更新及強化科學、科技及數學課程和學習活動，並加强師資

筆者（一排左四）參與香港資訊科技界清華大學 2011 年中國國情及信息科技發展研修班

培訓，讓中小學生充分發揮創意潛能。教育局於同年 11 月推出 STEM[1] 教育諮詢文件，以「强化學生綜合和應用知識與技能的能力、培養學生二十一世紀所需要的創造力、協作和解決問題能力，以及使他們具備創新思維與企業家精神」。

二、發展路上遇到的爭議

雖然香港的科技教育發展取得了長足進步，但過程中亦曾面對不少爭議和挑戰。

欠缺高層次統籌和督導單位

過往一直有意見認為，香港在發展創科教育的道路上缺乏專門的統籌和督導單位進行高層次、全方位的管理和指引，並未能滿足創科本土人才培養的需求，急需一個跨部門統籌的新委員會對創科教育做頂層設計。

課程架構有待優化

教育局現行「十五年一貫的學校課程架構」中已經將科技教育列為重點項目之一。雖然此舉顯示出局方對有關教育的重視，但依舊缺乏清晰、獨立的創科課程框架，未能對學

1 STEM 一詞，是科學（Science）、技術（Technology）、工程（Engineering）和數學（Mathematics）四大科目的英文首字母縮寫組合而成；STEM 教育可說是集這四個學科融合的綜合教育。

生在每個學習階段的學習內容作具體指引，使部分學校無法就創科教育作出全盤規劃。

基礎培育不足　拔尖人選受限

學校內課程編排緊密，學生更要花大量時間準備考試，學校能夠為學生準備的科技創新教育活動始終有限。我們從中小學已缺少 STEM 人才，學生能夠接觸創新科技的機會又相對較少，令香港的科技創新出現斷層，下一代忽略科技創新，只着眼於金融經濟，對整體社會發展產生極大的負面影響。

目前各大學的一些資優 STEM 學生培訓計劃和科技比賽等拔尖項目，都不足以改善現時香港科技創新人才不足的問題。

師資培訓

儘管政府推動多年，但科技、工程人才未見明顯增加。另外，高科技行業並非香港的傳統主要行業，研發開支亦偏低，有機會導致部分成績優異的理科生捨棄報讀大學的 STEM 相關學系，轉向報讀較受社會認同、出路較吸引的學系，如醫科、商科和法律，以尋求更佳就業前景。

目前香港有一些與 STEM 教育相關的學士和教育文憑課程，例如：中大理學士（學習設計與科技）、都會大學的科學（STEM）榮譽理學士課程等。然而，現有的本科和教育文憑學位課程並不足以應對日益增長的 STEM 教育需求。

本地教師一般僅於大學接受過一、兩門特定學科的專業培訓。教育局把 STEM 教育在職培訓納入「教師持續專業發展架構」中「優化在職教師培訓」的「本地、國家及國際教育議題」範疇，主要以「知識增益」、「學與教和評估」和「課程規劃」三方面，為教師提供與 STEM 教育相關的專業發展課程。當局只要求在職教師每三年內，劃出不少於六小時參與。

STEM 教師的在職培訓要求有待重整，而當局提供的課程和資源覆蓋率、深度和適用度並未能滿足教師的需求，使他們不足以有效地傳授 STEM 知識和技能。

「STEM 教育中心」對學校支援有限

教育局的「STEM 教育中心」自 2017 年起開始運作，為學校作出硬件和軟件的支援，包括「創客空間」、教師專業發展課程和學生學習活動。該中心能打破學校在場所、設施、師資、教學策略等方面的局限，有利推廣創科教育。

然而，目前全港僅有一所「STEM 教育中心」，而且只佔「藝術與科技教育中心」的其中一層，中心受場地所限，師生受惠人數非常有限。

校外創科課程缺乏監管

在政府的推動下，社會各界都在討論科技創新。愈來愈多家長為子女報讀校外創科課程，希望培養子女對 STEM 相關學科的興趣，早日掌握新科技。然而，坊間的課程良莠不齊，無論是課程內容，還是師資，均欠缺監管。

並非每個家長都熟悉創科領域，他們未必懂得如何分辨創科課程的好壞。不少家長容易受課程簡介上標示的「STEM／STEAM[2]」字眼誤導，為子女報讀有魚目混珠之嫌的「STEM／STEAM」課程。這樣不但浪費金錢，還會蹉跎孩子的光陰，錯失認識創科的先機。

三、學校從學習電腦知識，至發展資訊科技教育，及至現時所推動的 STEM 教育

教育發展總需要經過不同的歷程和階段，以期持續進步和改善。在最初的基本電腦教育時期，電腦是學習的對象，學生學習電腦構造、運作原理、編程等，電腦並未應用在其他學科的學習上。

進入資訊科技應用時期，互聯網與電子學習興起，學校開始使用電子教科書、網上學習平台，教育局亦推動「數碼學習計劃」，鼓勵創新教學模式。2015 年起，STEM 教育成為學校發展重點，學生需要把在科學、科技、工程、數學各相關學科所學的知識，綜合運用，以解決日常生活上的難題。

至於現時的科技教育呢？根據最新的教育局報告，香港的中小學正在廣泛推行 AI 及編程教育，並透過與企業合

2　STEAM 一詞，是在科學（Science）、技術（Technology）、工程（Engineering）和數學（Mathematics）以外，再加上藝術（Arts）的英文首字母縮寫組合而成；STEAM 教育就是集這五個學科融合的綜合教育。

作，引入更具實踐性的學習模式。此外，部分學校已開始實驗混合學習模式，利用 AR／VR 技術輔助教學，使學生能夠更直觀地理解抽象概念。

四、政府的相關工作及曾推行的政策及措施

香港政府一直在推動科技教育方面發揮重要作用。1998 年推出的《資訊科技教育策略》為學校提供電腦設備，並推動教師資訊科技培訓。2004 年起，「優質教育基金」資助電子學習，支持學校開發電子學習平台和課程。2008 年的「第三個資訊科技教育策略」則鼓勵學校利用科技改善學與教，並推動電子學習。

2015 年開始，政府推動「STEM 教育政策」，提供資助讓學校發展 STEM 課程，並舉辦各類競賽及活動。2023 年進一步推動「AI 及編程教育計劃」，全面推動小學及中學學習人工智能和編程，確保學生具備未來科技基礎。

另一方面，政府大力改善學校的資訊科技基礎設施。2015/16 學年起，政府為全港所有公營學校建立無線網絡校園，以便學生在課堂上使用流動電腦裝置進行電子學習。政府亦向學校發放「資訊科技綜合津貼」，供學校靈活運用，以支付無線網絡服務租賃費用、採購及提升網上教學軟件和硬件等。

現時，政府更積極與各大學及科技企業合作，讓教師能夠掌握最新的 AI 教學工具，以加強科技人才培育；教育局

亦正在推動 STEAM 教育的深化發展。

政府的努力使得香港的科技教育得以持續發展，惟未來仍需透過政策支持、資源投入和社會各界的協作，確保香港能夠培育更多創新科技人才，為社會經濟發展提供動力。

五、與學界攜手並肩　助科技教育向前

過往香港投身科研的人並不多，在探究科學、追求創新的路上偶爾是孤單的。猶幸，筆者能在路途中遇上不少志同道合的伙伴。我們探討科學、探討教育、探討生活、探討未來……

還記得九十年代初，筆者剛回到香港工作不久，在因緣際會下，認識了香港電腦教育學會的一批熱心的中學校長和老師。他們舉辦各種老師交流活動，以推動電腦教育，也舉辦一些全港性的學生比賽，以提高學生的學習興趣，支援老師的教學。其中規模較大的是香港電腦奧林匹克競賽（HKOI），通過此競賽，選拔算法及編程能力較強的學生，再加以培訓，以代表香港參加全國信息學奧林匹克競賽（NOI）及國際電腦奧林匹克競賽（IOI）。有很多年，筆者都安排他們在中文大學進行培訓及比賽。

在香港回歸前夕，香港電腦教育學會積極向政府提交建議，推行資訊科技教育，把科技作為中小學生的學習工具，其間筆者與他們有不少交流及探討。回歸後，行政長官董建華在第一份施政報告中，提出把「資訊科技教育」作為其施

政重點之一，鼓勵學校利用電腦輔助各個學科的授課和學習，提高教與學的成效。

其後，筆者獲邀成為該會的名譽會長，更積極參與該會的各項活動，推動科技教育的發展。該會也逐步把工作定位，由電腦教育，逐步推廣至資訊科技教育、STEM 教育，以至近年的科技創新教育。數十年雖已過去，我們依舊持守初心，堅持在推動科技教育方面獻言、獻策，一刻未有停步。

我們深信，香港的資訊科技教育必須具長遠規劃。過去，政府的資訊科技教育策略往往以大約每五年為一個階段，於 1998 年、2004 年、2008 年及 2015 年先後推出四個資訊科教育策略文件。然而，這些策略的持續性不足，導致學校在政策變更時難以適應。我們曾建議政府應制定長遠的科技教育發展藍圖，確保科技教育的推行不會因資源或政策更替而出現斷層，並確立學校的設備更新機制，以維持學習環境的穩定。

其次，我們強調科技教育應融入不同學科。資訊科技教育政策為在不同學科使用電腦科技創造了條件，隨後的 STEM 教育更強調資訊科技與數學、科學、語文等學科的結合，我們期待在人工智能時代，更多的創新科技引進中小學課堂，例如在數學課程中引入數據分析、在語文課程中利用 AI 進行寫作評估，讓學生真正應用科技提升學習效果。

在提升學校的科技設施的同時，政府也應考慮把管理教育科技設施的技術人員常規化，並要經常為這些技術人員提供培訓，確保學校在技術更新、軟硬件維護及應用指導方面獲得足夠支援。

資訊科技教育的發展不僅是提升學生的數碼技能，更是塑造香港未來創新科技人才的關鍵。香港需要一個持續發展的政策框架，以確保科技教育能夠與時俱進，並為下一代提供最優質的學習環境。

參考資料：

1. 中華人民共和國香港特別行政區政府教育局。《資訊科技教育策略》系列報告（1998 年、2004 年、2008 年、2015 年）。
2. 中華人民共和國香港特別行政區政府創新及科技局。《香港創新科技發展藍圖》（2022 年）。
3. 中華人民共和國香港特別行政區政府教育局。《推動 STEM 教育—發揮創意潛能》（2015 年）。
4. 香港教育學院。《香港 STEM 教育的挑戰及國際經驗的啟示》，香港教育學院研究報告（2020 年）。
5. 香港大學教育學院。《科技教育與未來技能發展》，香港大學教育學院研究報告（2021 年）。
6. 教育局課程發展議會。STEAM 教育常務委員會。取自：https://cd1.edb.hkedcity.net/cd/cdc/tc/Standing_Committee_01.html
7. 中華人民共和國香港特別行政區政府教育局（2022 年）。學校課程架構。取自：https://www.edb.gov.hk/tc/curriculum-development/renewal/framework.html
8. 立法會秘書處資料研究組（2019 年）。《研究簡報 2019-2020 年度 第三期 培育本地人才》。取自：https://www.legco.gov.hk/research-publications/chinese/1920rb03-nurturing-of-local-talent-20200601-c.pdf

9. 劉絜文（2023 年 4 月 27 日）。立法會秘書處資料研究組資料摘要。選定地方的 STEAM 推廣措施》。取自：https://app7.legco.gov.hk/rpdb/tc/uploads/2023/IN/IN08_2023_20230427_tc.pdf

10. 中華人民共和國香港特別行政區政府教育局（2020 年）。《教育局通告第 6/2020 號連附件：落實教師專業發展專責小組的建議》。取自：https://www.edb.gov.hk/attachment/tc/teacher/qualification-trainingdevelopment/development/cpd-teachers/EDBC20006C.pdf

第二部分

創新科技教育的現況

隨着時代變遷，香港現階段必須積極透過創新科技教育，提高學生的科學素養、創新能力及解決問題的能力。這既為了裝備學生以應對數字化時代下的職場挑戰，也為香港及國家培養創科人才，以推動未來經濟發展及提高國際競爭力。

一、STEM 教育的推動

創科教育強調的是培養創新、探究、解難和實踐能力，而提升學生對 STEM 相關學科的興趣，引導學生樂於善用 STEM 聯繫相關學科知識去解決問題，便是邁向成功創科教育的一步。

特區政府於《2015 年施政報告》首次提出推動 STEM 教育，並在《2016 年施政報告》中得到進一步支持：

《2015 年施政報告》：「教育局將會更新及強化科學、科技及數學課程和學習活動，並加強師資培訓，讓中小學生充分發揮創意潛能。」

《2016 年施政報告》：「政府將更積極推動 STEM（Science,

Technology, Engineering and Mathematics）教育，鼓勵學生選修有關科學、科技、工程和數學的學科。」

2015 年 11 月，課程發展議會發佈《推動 STEM 教育——發揮創意潛能》概覽，旨在就香港中、小學推動 STEM 教育所提出的建議和策略，蒐集教育與社會各界不同持份者的意見；2016 年 12 月發表報告，總結出六個推動 STEM 教育的建議：

1. 更新科學、科技和數學教育學習領域的課程；
2. 通過支援學校在整校課程規劃和與相關組織協作，加強為學生提供更多優質的學習經歷；
3. 為學校提供學習領域為本和跨學習領域的資源，加強 STEM 相關範疇的學與教，並提供額外資源支援，照顧校本的需要；
4. 加強學校和教師的專業能量、知識轉移，以及促進不同學校和教師間的交流，建立 STEM 教育的實踐社群；
5. 促進社區不同持份者參與，共同加強推動本地 STEM 教育；及
6. 持續檢視推動 STEM 教育進展，總結和分享良好示例，促進知識轉移。

2020 年 9 月，學校課程檢討專責小組的報告，向政府就 STEM 教育的發展提出建議：

1. 成立專責委員會，督導中小學 STEM 教育的發展；
2. 清晰界定 STEM 教育，闡明對中小學階段的期望，並提供校本 STEM 教育的具體例子；

3. 進一步加強與 STEM 相關的專業培訓課程，並幫助教師緊貼創新科技的最新發展；
4. 建議所有學校委派一名教師擔任 STEM 統籌人員，並安排特定的培訓，提升學校領導人員規劃校本 STEM 教育的能力；
5. 探討設立分區 STEM 資源中心，以及探討成立專家隊伍以提供到校支援的可行性；及
6. 加強與香港資優教育學苑合作，為 STEM 範疇的資優生提供更多學習機會。

教育局接納專責小組以上的建議，例如課程發展議會於 2020 年底成立「STEM 教育常務委員會」。

《**2022 年施政報告**》提出，在中小學以普及化、趣味化、多元化的方式，大力推動 STEAM（科學、科技、工程、藝術和數學）教育，為學生打好基礎，配合香港未來發展創科的大方向。當中提出三大措施：

1. 普及學習：在課程中加入更多創科學習元素，目標是在 2024/25 學年前，至少四分之三公帑資助學校於高小推行強化編程教育，以及在初中課程和高中資訊及通訊科技科加入創科元素，例如人工智能；
2. 加強領導和統籌：該學年起所有公帑資助中小學須委派統籌人員，整體規劃課堂內外的 STEAM 教育；下學年起，每年舉辦或安排學生參與具質素的 STEAM 活動；
3. 提升專業培訓：在兩個學年內，至少四分之三公帑資助中小學需安排教師參與 STEAM 的專業培訓。

至於如何「從不同學習階段着手，加強培育本地創科人才」，《香港創新科技發展藍圖》提出兩大建議：

1. 鼓勵大學開辦更多與創科相關的課程：政府目標在未來五年內，教資會資助大學的學生當中有 35% 修讀科學、科技、工程、藝術及數學（STEAM）相關學科，以及 60% 修讀與「十四五」規劃下香港發展為「八大中心」相關的學科。政府亦會繼續鼓勵大學開辦更多與 STEAM 相關的課程。
2. 進一步在中小學推動創科相關的教育：教育局會在中小學以普及化、趣味化、多元化的方式大力推動 STEAM 教育，透過優化課程、加強教師培訓、多元學習活動等，提升學生學習科學及創新科技的興趣和能力，營造創科學習氛圍，進一步發展學生的創意潛能。

及至 2023 年及 2024 年，香港特區政府繼續推動中小學 STEAM 教育。

《2023 年施政報告》：「進一步於中小學大力推動 STEAM 教育，包括開設小學科學科，在 2023/24 學年公佈課程框架，2025/26 學年起推行；在 2023/24 學年開展數學課程的支援項目，以提升學生數學應用的能力；以及加強發掘和培育本地 STEAM 精英。」

《2024 年施政報告》：「推動數字教育，亦會更新初中科學科課程，並支援教師使用人工智能教學。」

二、人工智能（AI）應用及突破

現時，人工智能技術在全球高速發展，香港亦需急起直追，趕上嶄新科技的列車。

教育局在 2022 年 11 月 16 日在立法會會議上表示：在課程方面，會「加入更多創科學習元素，包括發展『高小增潤編程教育課程單元』和『初中人工智能課程單元』，亦於本學年推出『加強高小科學與科技學習』先導計劃，強化學生科學思維和『動手動腦』的能力，從小打好科學與科技基礎」。

2023 年 6 月，教育局推出了創科教育的教與學資源，包括「高小增潤編程教育課程單元」和「初中人工智能課程單元」，初步回應了 2022 年施政報告的提議。

在政府的支持和鼓勵下，人工智能技術在學界愈漸普遍。教育局推出了「『智』為學理」撥款計劃，支援中小學將 AI 融入教學中，特別是在初中科學科的應用。這個計劃獲得了優質教育基金的支持，並鼓勵教師參加專業培訓，以提升他們在 AI 輔助教學方面的能力。

有學校則嘗試利用 AI 分析學生的學習進展，並按照所得數據，為學生提供個性化的學習建議和補充材料，從中幫助學生提高學習效果。

參考資料：

1. 中華人民共和國香港特別行政區政府教育局。《推動 STEM 教育—發揮創意潛能》概覽。取自：https://www.edb.gov.hk/attachment/tc/curriculum- development/renewal/STEM/STEM%20Overview_c.pdf

2. 中華人民共和國香港特別行政區政府。《2019-20 年度財政預算案》。取自：https://www.budget.gov.hk/2019/chi/index.html

3. 中華人民共和國香港特別行政區政府。《2021-22 年度財政預算案》。取自：https://www.budget.gov.hk/2021/chi/index.html

4. 中華人民共和國香港特別行政區政府教育局。《「『智』為學理」撥款計劃》。取自：https://www.edb.gov.hk/tc/curriculum-development/kla/science-edu/ai-for-sci.html

5. Microsoft。《香港與教育局合作。推動中小學 STEAM 及 AI 教育》。取自：https://news.microsoft.com/zh-hk/2023/09/25/microsoft%E9%A6%99%E6%B8%AF%E8%88%87%E6%95%99%E8%82%B2%E5%B1%80%E5%90%88%E4%BD%9C-%E6%8E%A8%E5%8B%95%E4%B8%AD%E5%B0%8F%E5%AD%B8steam%E5%8F%8Aai%E6%95%99%E8%82%B2/

第三部分

培訓科技人才

一、百強大學　頂尖學者

在科技急速發展的時代，我們對科技人才的需求有增無減。大學作為知識的殿堂，在培育和輸送科技人才上扮演着不可或缺的角色。大學提供結合理論知識和實踐技能的機會，有助培養學生在科技領域的專業能力，以及獲得最新的科技動態和應用。其次，大學是科研的前沿陣地，許多重要的創新科技均源於大學的研究項目，這對於推動科技的進步和促進產業發展有着舉足輕重的作用。再者，學校與企業的合作項目，亦為學生提供了寶貴的實習和就業機會。無容置疑，大學與科技人才之間的關係絕對是密不可分的。

香港是一個彈丸之地，卻擁有多間在全球排名中表現出色的學府，亦有為數不少的頂尖學者，他們在科技、工程和相關領域作出了傑出的貢獻，引領着香港的創新科技研究和潮流發展。當中成果豐碩，惟本章篇幅有限，故筆者僅舉數例供參考。

根據國際高等教育機構 Quacquarelli Symonds（QS）最新公佈的 2025「世界大學學科排名」，香港有多達 5 所大學（分別是香港大學、香港中文大學、香港科技大學、香港城市大學及香港理工大學）躋身百強大學之中。而在學術課程比較方面，香港則有 9 所院校共 231 學科上榜，是全球排名進步最多的地區。當中不乏與創新科技相關的學科，例如香港大學的信息科學和人工智能學位，名列全球第 18 位；香港城市大學的數據科學與人工智能學科，則排在全球第 48 位等。

無獨有偶，在其他學術調查中，香港各大學亦屢見佳績。在英國教育刊物《泰晤士高等教育》公佈的 2025 世界大學排名中，香港同樣有 5 所大學（同為香港大學、香港中文大學、香港科技大學、香港城市大學及香港理工大學）榮獲百強殊榮，表現卓越。

至於科學人才質素和招攬學者方面，香港各大學的成果亦不容忽視。香港每間大學均有頂尖的學者「坐鎮」，舉凡醫學科技、新能源、人工智能、工程，以至自然科學等，都能窺探到他們的蹤影。而在國際舞台上，當然亦不乏他們的席位。例如在美國史丹福大學編製的「科學界作者標準化引文指標數據庫」2024 中，我們就得知逾 400 名香港中文大學的學者獲選為全球首 2% 的頂尖科學家。另一邊廂，香港科技大學近年積極進行全球招聘，在求才若渴的大環境下，依然能成功招聘到不少精於人工智能、微電子、可持續發展與綠色科技、藝術科技等重點領域的學者，實屬難得。

單從上述例子，已能證明香港擁有良好的教育基建，大學無論在教學、研究、知識轉移和國際化等核心任務方面，皆獲得海內外的廣泛認同和肯定，得以在全球學術界享負盛名。

二、應用科學大學的設立

正如上文提及，香港的大學在多方面均表現出色，早已在全球的高等教育中佔有一席之地，但這並不代表我們應滿足於此。所謂「不進則退」，知識躍進是無止境的，如何把知識靈活運用、在過程中讓學生獲得最大的教育效能，以及適切地發揮大學的角色，則是我們需要深思的部分。

文武並存　豈能單一

長久以來，香港教育一直存有「重文輕武」的風氣，我們從小被灌輸「『工』字不出頭」、「要努力學習，讀好書，才能考上大學，得以『向上流』」的觀念。在社會期望和升學規範的雙重夾擊下，能夠進入大學的青年人往往都是學術成績優異者。這令筆者常反思：在看似客觀的「汰弱留強」準則下，大學的確吸納了不少學術精英，但同時我們錯過了多少其他方面能力更加優勝的青年人呢？每個人皆有其長短之處，有部分學生或不善於應對學術層面的文法考試，但他們擁有靈活的腦筋，在數理、科學、工程等技術性能力要求較高的領域表現出眾。在二十一世紀的今天，我們絕對需要這批人才，而他們亦同樣值得獲取進入大學的機會。

事實上，大學除了要有多樣化的學科外，亦需要更多不同類別和專長的學生，以及多樣化的課程設置，以應對不斷變更的時代需要。然而，香港的大學一直以學術研究和理論知識為主軸（甚至以此作為大學表現評核的關鍵因素），這裏有不同的學科選擇和多元文化環境，惟課程偏向理論及學術性質，理工科數目較文商科為少，畢業生可能需要進一步的實習或訓練才能進入特定行業。這種學術要求固然有其存在的必要，但在科技發展一日千里的情況下，香港亦同時需要加強實務技能和職業導向的教育。

設立應用科學大學　加強科技應用轉移

筆者從事大學科技轉移工作多年，一直關注香港高等教育就有關方面的發展，早於 2016 年已提出可考慮因應研究性質作出不同的大學分類，並針對不同類型大學制定不同的表現評核準則等。須知道，我們擁有良好的教育基建，在國際上獲得崇高的學術聲譽，但理論歸理論，科技是需要應用的，而非停留在學術層面。我們仍需要加強研究能力，特別是應用和轉化研究方面，把理論進一步實踐和轉化成具體應用，才能有效推動香港的創新及科技發展。

有鑒於此，對於香港特區政府接納業界意見，於 2023 年起承諾會推動成立應用科學大學，大力提升職業專才教育獲得大學學位地位，並於 2024 年宣佈應用科學大學聯盟正式成立（創會成員共有四所專上院校：香港都會大學和聖方濟各大學為正式成員，東華學院和香港高等教育科技學院則為附屬成員），筆者感到欣喜，並期望應用科學大學能夠長遠發揮它的角色。除了促進與國際院校和企業的合作，增進知識和技術的交流，以及專注於實用技能的教育，培養符合市場需求的技術專才，推動經濟增長外，應用科學大學還應加強跨學科研究，推動技術創新，促進產業發展。

只要能夠善用「文、武雙軌並行」的優勢，香港未來的創科發展定能事半功倍，有所助益。

三、職業訓練：中層技術人員斷層

誠如上文所言，香港擁有百強大學、頂尖學者；社會漸見重視科技教育，應用科學大學亦因而應運而生，培訓科技教育人才的工作似乎已準備就緒，全速待進。可惜，教育從來都非如斯簡單，當中仍有不少挑戰需要關注和應對。

上文提及的「重文輕武」風氣長期植根於不少人心中，其副作用早已浮面，當中的影響不單在於大學教育層面，更廣及該些在大學體系以外的職業訓練教育。這種傳統的教育模式與其他外在因素，如技能欠匹配、工資與待遇問題、行業吸引力不足等環環相扣，直接影響了香港整體技術人員的供應狀況，特別是在行業愈趨專業化與高技術化的趨勢下，中層技術人員的供應遠跟不上持續增加的需求，造成明顯的人才短缺，不少涉足資訊科技、工程、創新科技等領域的企業均面對難以招聘合適人員的難題。

根據特區政府於 2024 年底發佈的「2023 年人力推算」報告，預計到 2028 年，香港整體人力短缺達 18 萬人，包括 6 萬個中層技術人員空缺，佔總短缺量的三分一。建造業議會在 2023 年 2 月發表的《建造業人力預測報告》中，則預計在 2027 年，專業人員的短缺將達 6,000 至 6,500 人，當中電機／機械工程師、土木工程師、土力工程師、營造師／

地盤工程師和環境工程師的短缺約為 16% 至 25%。

中層技術人員斷層直接窒礙了創科的發展。大家不難想到，缺乏具備實戰經驗的中層人員，可能導致部分創新項目延遲推進，無法快速適應市場的變化和需要，甚或影響其質量；更重要的是，技術知識的流失會影響企業的長期發展，尤其在快速變化的科技行業之中。

要發展創新科技，我們既需要硬件，亦同樣需要軟件，當中必須依靠大量擁有專業技能的技術人員支撐才能成事。就此，香港政府與社會各界應齊心協力，從多方面入手，既要改變市民對工科的歧見，又要制訂具體的措施以吸引更多青年人加入技術工種，以應對技術人員斷層的問題，當中包括：

1. 課程檢討：檢討現行各學習階段課程的適用性，並在中學和大學階段加強科學、技術、工程和數學（STEM）教育，激發學生對技術的興趣。
2. 明確職業路徑：制訂明確的職業晉升路徑，幫助青年人了解進入技術工種後的發展機會；同時提供持續教育和職業進修課程，幫助技術人員提升技能，適應行業變化。
3. 增加資源投入：加大對職業訓練機構的資助，提升培訓質量，確保技能與市場需求對接；亦可設立專項的獎學金和資助計劃，鼓勵學生選擇相關專業。
4. 推動企業參與：鼓勵企業改善工作環境及調整薪酬結構；以及與學校合作，提供實習機會，讓學生在實際工作中獲得經驗；而對積極提供實習機會和培訓的企業則提供稅務優惠或補貼，以激勵他們參與。

5. 支持創新與創業：設立專門針對工科創業的資助計劃，鼓勵青年人創辦技術相關企業；同步支持建立創新實驗室，為青年人提供實驗和創業的空間與資源。
6. 加強宣傳教育：透過學校及媒體開展宣傳活動，從中強調工科職業的社會貢獻和發展潛力，改變大眾對其偏見及提升學生興趣。
7. 推動社區參與：在社區舉辦技術展覽和示範活動，讓市民親身體驗工科的魅力；舉辦科技競賽，激發年輕人的創新能力和團隊合作精神。

在創科之路上，香港的起步或不及鄰近地區走得快，但我們無須妄自菲薄。筆者深信，香港的優勢尚未完全發揮出來，仍有絕對的進步空間和潛力，只待我們深入探討和開發。現階段做好科技教育人才培訓，打好根基，他朝必能更有所成。

參考資料：

1. QS World Universityu Rankings 2025: Top global universities. https://www.topuniversities.com/world-university-rankings
2. The Times Higher Education. World University Rankings 2025. https://www.timeshighereducation.com/world-university-rankings/latest/world-ranking
3. August 2024 data-update for “Updated science-wide author databases of standardized citation indicators”. https://elsevier.digitalcommonsdata.com/datasets/btchxktzyw/7

4. 香港特別行政區政府新聞公報（2024 年 11 月 11 日）。〈應用科學大學聯盟正式成立〉。取自：https://www.info.gov.hk/gia/general/202411/11/P2024111100383.htm

5. 中華人民共和國香港特別行政區。〈行政長官 2023 年施政報告〉。取自：https://www.policyaddress.gov.hk/2023/tc/p159.html

6. 中華人民共和國香港特別行政區。〈行政長官 2024 年施政報告〉。取自：https://www.policyaddress.gov.hk/2024/tc/policy.html

7. 中華人民共和國香港特別行政區政府。勞工及福利局：2023 年人力推算。取自：https://www.lwb.gov.hk/tc/highlights/manpower_projection/index.html

8. 建造業議會（2023 年 2 月）。〈建造業人力預測報告〉。取自：https://www.cic.hk/files/page/56/Construction%20Manpower%20Forecast%20Results%20(Chi)_20230207.pdf

第四部分

支持與推動

人工智能結合教育是現今及至未來的大勢所趨，而人才就是推動這項發展的關鍵要素。現時，全球各地求才若渴，積極招攬不同範疇和崗位的合適人選，當中以創科人才為甚。在這潮流新趨勢下，香港亦不能獨善其身。近年特區政府大力推動創科發展，除了廣納外來人才外，更增撥資源以推動本地科技教育及培育更多創科精英。

筆者認為政府的大方向是正確的，亦深明教育對創科產業的重要性。早於三十多年前，筆者已執起教鞭，從事相關的教研工作，既為了實現個人理想，亦盼能「以生命影響生命」，把科學知識傳授予下一代，讓他們更好地裝備自我，迎接未來；同時，期望能藉此進一步為業界孕育更多創科人才，帶動整體社會經濟發展。須知道，教育並非一日之功，必須日積月累，才能讓幼苗茁壯成長。

就支持和推動創新科技教育，筆者不遺餘力，無間斷地投入於「科普育人」的工作，並適時提出建議。

一、推動與中文相關的科研項目

還記得九十年代初，筆者加入香港中文大學，負責一個中文語言處理的科研項目，並隨即帶領團隊與北京大學、人民大學和清華大學合作，研究電腦軟件中文化，進而將研究成果轉化為日常應用，其成效有目共睹。有關工作為新一代學生提供了更豐富的網上訊息資料庫，有利於長遠學習及研究發展。

二、推動創科活動　激發學生興趣
加強解難能力　發掘優秀才能

筆者深信，科學興趣是需要自小培養的，而學校正是發掘和培育「明日之星」的堡壘。然而，相較傳統學術科目而言，工科的入學率持續偏低，難以為業界補充足夠人手。要想爭取更多優秀人才加入行業，必須花多點心思和技巧。有見及此，在二十多年前，筆者親身走進社區，走進中小學校，透過舉辦不同活動和比賽，激發學生對科技的興趣。

以筆者多年來的經驗及觀察所得，為提升當代青年在創科領域上的解難能力和邏輯思維，本港有些中小學課程嘗試以「基於解難的學習方法」（Problem-based learning）出發，期望青年能發現問題而提出解決或改善方法，從中培養分析、解難、創造和團隊合作的能力，並靈話套用在學科學習

上，亦鼓勵新一代青年在創科上發展。

筆者認同有關學習方法及理念帶來的正面作用，並把其深化於過去的推廣工作中。猶記得 2005 年，筆者推動了學界舉辦第一屆「全國互聯網機器人大賽」，除本港青年外，此競賽更匯集來自北京、上海、深圳、廣州、廣西、浙江及澳門等地的青年人參與。參賽隊伍可使用由大會提供的機械人，或自行設計和製作機械人來進行足球競賽。在自行設計機械人的過程中，參賽者需思考機械人在競賽中將面臨的難點，如難以持續執行指令、靈敏度不足等，故參賽者需根據此問題而作出修改。筆者深信，這競賽一方面能使青年學習電腦及資訊系統等操作技巧，另一方面有助他們培養解難能力和邏輯思維，並套用在學科學習和創科研究上。

筆者出席香港少年工程挑戰賽 2025

此外，筆者曾於2012年舉辦「科技異彩夏令營」。這活動始創於1999年，女生們在互動工作坊中分組完成創作，從中領悟如何應用科技和工程理念以改善日常生活上的不便或問題，如進行手術模擬、編寫電腦程式控制樂高機械人以改善環境污染問題等，從而培養青年的解難和應用能力。全球已有超過萬名初中女生接受培訓，其中不乏參加者表示會考慮將來選讀與工程和科技有關的學位課程。筆者深信，繼續舉辦此類創科活動能進一步提高青年投身創科領域的意欲，亦能鍛煉青年在校本學習上的解難和分析能力，發掘更多創科專才。

再者，筆者亦為「工程技術教育實踐中心」和「創新科技學生會」的創辦人。成立組織的目標在於培育在創科範疇的青年專才，深化其創科知識和技術，為未來投身創科行業奠下基石。筆者曾籌辦的活動眾多，形式包括工作坊、嘉年華、展覽、夏令營等，未能盡錄。其中較具代表性的是「香港科學節2025——香港漁業創新科技工作坊」，旨在向高中學生介紹人工智能在防災上的功能和應用方法，以減低自然災害對浮游植物和海洋的破壞。在活動過程中，青年會先探究自然災害對海洋生物和漁民的影響，如破壞棲息地、減低收成等，再而基於此問題而提出解決方法，如以創科工具監察紅湖、取水樣本並進行分析等，並了解背後原理。這活動能讓青年理解創科如何解決或改善生活上的問題，培養邏輯思維和解難能力，並把這些能力運用在學校課堂上，提高學習表現及對創科的興趣。

筆者相信藉着持續推動各項創科活動和比賽，定能提高

筆者和香港中文大學校長高錕教授（二排左四）與參加創新科技活動的學生合照

學生的學習興趣和大眾的關注，有助業界推動香港中小學生的科技教育和創新能力的發展，彼此達至相輔相成之效。而在舉辦創科活動上多以「基於解難的學習方法」的理念出發，則有助新一代青年透過提出問題和解難的過程，培養其思辨、多角度思考、分析和創造的能力，須知道這些能力是進行創科研究不可或缺的元素。

三、加強學校數碼資源　運用 AI 照顧學習差異

隨着科技進步，近年不少國家及地區均會利用創新科技，開發支援學生的學與教工具，各地教育部門紛紛撥款支持學校使用相關服務。香港教育局亦一直在發展運用資訊科技策略的教學資源，包括多媒體教材及教學工具、數碼互動教學平台、數碼學習遊戲及軟件等。

筆者不但支持積極落實有關安排，而且認為香港特區政府可以做得更多、做得更好，進一步普及創科教育。除了撥款支持學校使用相關數碼資源外，筆者曾透過不同渠道倡議學校加強運用人工智能（AI）技術，一方面提升學生的創新及創意能力，從中培育數碼專才；另一方面，則有助進一步照顧學生的學習差異。

就此，筆者提出多項建議。第一，政府當局應創建整全的創科教育框架；學校亦應設計更多跨學科課程，讓學生能夠在實際情境中應用所學知識。

第二，以遊戲為媒介，結合人工智能，為學生提供個性化學習體驗。人工智能通過分析學生的學習風格、進度、興趣和能力，全面評估學生的個體學習差異，能夠定製程度合適的學習遊戲，幫助學生循序漸進地吸收知識。人工智能又可以根據學生表現，提供適切而個人化的實時支援和反饋，家長與教師能從中了解學生的強弱項，調整施教的方向和節奏。由於人工智能可以隨時提供一對一指導，既可緊貼學生的學習步伐，又有助他們培養自學和溫習的習慣。此外，人

工智能可以與混合實境（Mixed Reality, MR）技術，為學生提供沉浸式互動遊戲學習體驗，以逼真的環境，幫助他們理解抽象概念。

第三，心理質素是影響學生成長及未來發展的關鍵。筆者建議在一般情緒支援以外，為他們提供人工智能聊天機械人（Chatbot）的服務，例如線上智能輔導員，讓人工智能支持學生的心理健康；同時，透過收集學生的情緒和行為數據，幫助有關專業人士作分析，提升處理個案效率，讓學生更快得到真人輔導。另外，人工智能聊天機械人可以提供全天候服務，能針對緊急個案提供實時支援，例如把個案相關訊息傳送到政府部門、非牟利組織及社福機構等，及時提供適切的幫助和資源，以避免產生不必要的傷害。

透過建立校園關愛文化，配上數碼資源和人工智能這些輔助工具，提升教學效能，想必能為不同需要的學生提供更全面的支援和輔導，並彰顯「平等教育」的理念及對下一代的承擔。

四、發展北都區教育城　打造研發及科技轉移基地

新界西北是香港未來 20 年發展重鎮，是北部都會區的重要組成部分；而新田科技城和深港兩岸則是香港發展國際創科中心的重要據點。根據政府的規劃，將於洪水橋／廈村新發展區、牛潭尾及新界北新市鎮預留超過 60 公頃用地發展「北都區大學教育城」。其中牛潭尾地區因為位處北環線

沿線，與新田科技城只有一站之隔，該處將會特別預留予專上院校使用，以聚焦科研領域，配合新田科技城的創科發展，推動產、學、研合作。

在北部都會區建設以創科為主題的大學園區，乃筆者於2023年向行政長官提出的建議。香港麻雀雖小，五臟俱全，是世界唯一擁有五所躋身全球百強大學的城市。這五所大學的科研水平一直以來皆譽滿全球。因此，在北都區的創新科技地帶設立大學園區，既能為區內企業提供科研人才，也能提供高水平的研究支援。

然而，過往香港科研成果成功轉化落地的比率並不太高，為了令院校與企業合作更為順暢，筆者認為政府應在大學園區內設立科研成果轉化中心，作為促成大學園區與企業之間良好協作的中介人。一方面為科研團隊的研發項目尋找投資者，為科研成果議訂合理價錢，並尋找適合的合作夥伴把其商品化、市場化；另一方面，則協助企業主動尋求創新理念與技術誘因，催化企業創新的過程。

過去，一些本地創科公司在香港發展到一定程度後，面臨難以擴展的困境，因此不少公司選擇北移至深圳繼續發展。筆者認為更理想的是，讓本地創科人才有留港發展的選擇和空間，從而增強本地研發的氛圍，建立更堅實的創科產業群，達到更理想的群聚效應。如果大學園區能夠建立為研發基地，將可容納更多本地研發項目在境內開展。這些本地項目，無論是獨立研發還是與區內其他企業合作，都將對他們的發展有所助益。

五、完善政策　優化創科教育

「科學議政」是筆者常掛在嘴邊的四個字，它並非單為口號，而是筆者加入立法會的主要工作目標之一——實事求是，以科學精神參與議會工作，並為政府提供專業意見，以支持及協助政府落實更多惠港、惠民的措施。

筆者努力履行參選承諾，自當選為立法會議員後，積極透過更多渠道倡議創科理念，以及以自身經驗向政府獻策，進一步推動實踐的工作。

早前，政府公佈的《香港創新科技發展藍圖》提及，要為未來五至十年的香港創科發展制訂清晰的發展路徑和系統的戰略規劃，引領香港實現國際創科中心的願景；然而，香港創科人才不足，長遠而言必須加強培育本地創科人才。就此，筆者隨即在立法會會議上提出了相關議案，明確表明優化創科教育的重要性，並建議政府作出以下舉措，包括：

（一）設立創科教育督導委員會；

（二）檢討和重整學前、中小學、專上和職業專才教育的創科教學內容，以重新建立靈活而有系統的創科學習領域課程框架；

（三）進一步優化職前及在職創科教師培訓；

（四）設立「地區創科教育中心」，全面支援學校的創科教學工作；

（五）為師生安排更廣泛而具質素的交流活動，以擴闊他們的視野及培養他們的創新意識；及

（六）為校外創科課程制訂創科培養要素指引，以確保課程質素，從而滿足日益增加的創科人才需求。

筆者認為，推動創科教育是培養學生創新能力和解決問題能力的不二法門，科技教育不僅是學科知識的傳授，更是培養學生的批判性思維和團隊合作能力。隨着數碼轉型加速，教育應該與時俱進，適時作出優化。香港創科教育需要多部門協同推動，政府亦應與各大院校和創科業界合作，引入更多世界級學術及科研的會議及展覽活動，透過不同渠道廣泛吸收創科業界專家、前線教師的意見，以及重視各年齡段學生課內和課外的教學反饋等，共同培養學生學習科學與創科的興趣和能力，幫助學生適應科技發展，增加創科人才儲備，方能為香港創科經濟發展作出貢獻。

參考資料：

1. 李淼（2008 年 9 月 2 日）。〈中大互聯網機器人大賽科技教育提升邏輯思維〉，《大公文匯網》。取自：https://dw-media.tkww.hk/epaper/tkp/20080902/C7_Screen.pdf
2. 香港中文大學傳訊及公共關係處。〈中大工程學院與 IBM 合辦「科技異彩夏令營」啟發初中女生科技潛能 栽培未來女性工程精英〉。取自：https://www.cpr.cuhk.edu.hk/tc/press/cuhk-engineering-joins-hands-with-ibm-to-organize-ex-i-t-e-camp-to-excite-young-girls-interest-in-engineering-and-nurture-future-talents/
3. 創新科技學生會（2025 年 3 月 18 日）。〈「創新科技學生會」活動：「香港科學節」2025 – 香港漁業創新科技工作坊〉。取自：https://www.itsc.org.hk/post/%E3%80%8C%E5%89%B5%E6%96%B0%E7%A7%91%E6%8A%80%E5%AD%B8%E7%9

4%9F%E6%9C%83%E3%80%8D%E6%B4%BB%E5%8B%95-%E3%80%8C%E9%A6%99%E6%B8%AF%E7%A7%91%E5%AD%B8%E7%AF%80%E3%80%8D2025-%E9%A6%99%E6%B8%AF%E6%BC%81%E6%A5%AD%E5%89%B5%E6%96%B0%E7%A7%91%E6%8A%80%E5%B7%A5%E4%BD%9C%E5%9D%8A/

4. 政府新聞網（2024 年 10 月 18 日）。〈輸入人才目標超額完成〉。取自：https://www.news.gov.hk/chi/2024/10/20241018/20241018_153959_451.html

5. 立法會秘書處（2024 年 4 月 23 日）。〈北部都會區專上教育發展〉，取自：https://www.legco.gov.hk/yr2022/chinese/hc/sub_com/hs03/papers/hs0320240423cb1-468-1-c.pdf

第五部分

其他國家及地區的情況

本部分輯錄了其他國家及地區在創新科技教育方面的工作和經驗，以探討有否香港值得借鏡之處。

一、中國內地

2016 年 6 月 7 日，教育部在《教育信息化「十三五」規劃》中，第一次提到「跨學科學習（STEAM 教育）」和「創客教育」，STEM 教育首次納入國家教育部的正式文件。中國政府隨後出台了一系列政策和指導文件，明確 STEM 教育的目標、內容、標準和評價體系，對 STEM 教育的發展起到了推動作用。

2017 年 1 月 19 日，《義務教育小學科學課程標準》的通知深化落實創客教育，提到課程設計需要結合 STEM 和創客教育，對於小學科學課程內容需要有跨學科的要求，並提供了教學案例。

2017 年 7 月 8 日，國務院印發的《新一代人工智能發展規劃的通知》中，首次明確需要在中小學開展人工智能課程。教育部也頒佈《普通高中課程方案和語文等學科課程標準（2017 年版）》的通知，把人工智能、開源硬體等列入高中選擇性必修課程，移動應用設計列入選修課程。

中國內地的 STEM 教育不僅局限在理論研究上，還有了初步的實踐成果。多個省市、地區已摸索出自己的 STEM 教育理念和模式，並將其落地開花。

在 2018 年、2019 年中國教育科學研究院面向全國發起的兩批 STEM 教育領航學校、種子學校遴選活動中，分別吸引了逾 6,000 及 10,000 所中小學校報名。

深圳市人民政府發佈了《深圳市全民科學素質行動計劃綱要實施方案（2017－2020 年）》，明確推進科技教育課程改革，開發具有深圳特色的小、初、高銜接配套的科技教育地方課程，要求校園普遍開設 STEM 課程，探索適合深圳的 STEM 課程體系，培育 30 個以上具有深圳特色的 STEM 專案。

教育部發佈《2019 年教育資訊化和網路安全工作要點》，啟動中小學生資訊素養測評，推動在中小學階段設置人工智能相關課程，並逐步推廣編程教育。

《全民科學素質行動規劃綱要（2021－2035 年）》重點提及要提升基礎教育階段科學教育水準，完善初高中包括資訊技術等學科在內的學業水準考試和綜合素質評價制度，推進資訊技術與科學教育深度融合。

中國內地注重對 STEM 教師的培訓，通過開展各種形式的培訓活動，提高 STEM 教師的能力水準和 STEM 教學品質。中國教育科學研究院 STEM 教育研究中心於 2020 年初對進行 STEM 教師能力水準測試，並開展線上及線下的

STEM 教師培訓工作。同時，每位種子教師需要提交個人 STEM 課程案例，並從中選拔 10 名教師組成全國 STEM 教研組，開展線上公開研討。此外，會遴選部分領航學校和種子學校開展人工智能教育實驗，並與公益基金合作開展 STEM 新生態專案，以培養人才，貫穿大學、中小學。

中國教育科學研究院於 2017 年成立了 STEM 教育研究中心，同時發佈了《中國 STEM 教育白皮書》，提出了《中國 STEM 教育 2029 行動計劃》，旨在通過課題的方式，選派、指導、培養 1,000 所學校開展 STEM 教育實踐探索，整合研究力量，協助培養一批骨幹教師，打造一批特色項目和學校，建立不同區域的推動發展模式，透過注重學習過程的評估，改變評鑑方式和創新培養模式，促進中國內地 STEM 教育的發展。

最新進展

近年，中國內地在創新科技及人工智能教育等方面發展迅速。2024 年底，教育部辦公廳發佈了關於加強中小學人工智能教育的通知，明確人工智能教育的總體要求，強調要以人工智能引領構建以人為本的創新教育生態，服務引導學生正確處理人與技術、社會的關係，促進思維發展，培養創新精神，提高解決實際問題的能力。通知列出了人工智能教育的六大主要任務和舉措，並提出小學低年級段應側重感知和體驗人工智能技術，小學高年級和初中階段側重理解和應用人工智能技術，高中階段側重項目創作和前沿應用。此外，在實施人工智能教育時要注意培養解決實際問題的能力，大力推進基於任務式、專案式、問題式學習的教學。通知還強調，要加強頂層設計和部門協同，統籌推進中小學和大學人工智能教育一體化發展，2030 年前在中小學基本普及人工智能教育。

2025 年初，中共中央、國務院印發了《教育強國建設規劃綱要（2024－2035 年）》，並發出通知，要求各地區各部門結合實際認真貫徹落實，其主要目標包括：到 2027 年，教育強國建設取得重要階段性成效；到 2035 年，建成教育強國。綱要中列出了一系列指導，當中不乏有關科技發展的部分，強調要培育壯大國家戰略科技力量，有力支撐高水準科技自立自強，包括促進青年科技人才成長發展、提高高校科技成果轉化效能；又推動建設學習型社會，以教育數位化開闢發展新賽道、塑造發展新優勢，促進人工智能助力教育變革，以及構建教育科技人才一體統籌推進機制等。

其後，北京市教育委員會按照《教育部辦公廳關於加強中小學人工智能教育的通知》（教基廳函〔2024〕32 號）要求，結合實際，制定了《北京市推進中小學人工智能教育工作方案（2025－2027 年）》。方案明確提出具體措施，按照以課程體系為依託，以典型場景應用為切入，透過構建多層次人工智能教育課程體系、構建常態化人工智能教育教學體系、構建泛在化人工智能教育支撐體系、構建多管道人工智能教育師資體系、構建立體化人工智能教育應用體系、構建多維度人工智能教育推廣體系，以及加強人工智能教育實施保障等七個範疇，加快建成具有首都特色的中小學人工智能教育體系與模式。

二、美國

美國國家科學院的國家研究委員會（NRC）於 2011 年 7 月頒佈了 K-12 科學教育框架。這框架為 K-12 年級的學生構建了廣泛而紮實的面向未來的科學教育大綱，為 K-12 科學教育新標準的開發提供參考，並隨後為教育工作者修訂課程、教學評估體系和專業發展提供便利。該教育框架確定了三個維度，傳達了應圍繞不同年級進行科學和工程教育的核心思想和實踐：

1. 貫穿各領域的核心概念（crosscutting concepts），通過它們在科學和工程學中的普遍應用來統一科學研究；
2. 科學和工程實踐（scientific and engineering practices）；
3. 物理科學、生命科學、地球與空間科學，以及工程、技術和科學應用的學科核心思想（disciplinary core ideas）。

2016 年，Association for Computing Machinery（計算機協會，ACM）、Code.org、Computer Science Teachers Association（電腦科學教師協會）等民間組織與美國各州教育局代表、大型學區代表與大學學者共同合作訂定了「K-12 電腦科學框架（K-12 Computer Science Framework）」，以作為不同年齡段學生電腦科學課程設計與教師培訓的根據，定義具有運算素養的學生在每個階段應有的行為表現、思考方式與發展進程。

美國 STEM 地區教育強調構建創科學界、業界、教育界一體化 STEM 社區教育生態圈。以華盛頓 DC 的 STEM 生態圈「DC STEM 網絡」（DC STEM Network）為例，該生態圈由華盛頓卡內基研究所（Carnegie Institution for Science）、卡內基科學教育學院（Carnegie Academy for Science Education）、DC 教育局長辦公室（DC Office of the State Superintendent of Education）、DC 副市長教育政策辦公室（Office of the Deputy Mayor for Education）、巴特爾紀念研究所（Battelle）、DC 公立學校聯盟（DC Public Schools）、DC 公立特許學校董事會（DC Public Charter School Board）、哥倫比亞區大學（University of the District of Columbia）、老虎伍茲基金會 (Tiger Woods Foundation)、啟發式教育中心（Center for Inspired Teaching)（非營利教育機構）、未來創造者（Futuremakers)（營利教育機構）共同成立，進行 STEM 教育現況的評估，並設立改革目標及方向，強調本地化和社區化，依照地方的資源和需求發展。

三、英國

英國的義務教育分為四個關鍵期，涵蓋 11 個年級。由第一關鍵期（5—6 歲）起，Design and technology（DT）已被列為必修科目。英國的教育部門諮詢了設計與科技協會（DATA），落實了 DT 課程綱要，課程通過多元化的活動訓練學生運用創造力、想像力及跨學科（尤其是 STEAM 相關學科）知識，考慮量需求和價值，進行設計、製作和批判，以解決生活中的各種實際問題，幫助學生日後成功融入日益先進的科技社會。DATA 亦提供教師進修課程、DT 課程的活動建議等。

英國的 DT 課程為每個教育關鍵期，從設計、製作、評鑒和技術知識四方面訂立了由淺入深的、系統性的課程目標。以設計和製作為例，簡述如下：

	第一關鍵期	第二關鍵期	第三關鍵期
設計	1. 能依照設計原則，設計出符合使用者需求的、具目的性、功能性和吸引力的產品 2. 透過討論、繪圖或簡單的模型等表達想法	1. 能使用蒐集的資訊和設計原則，為需求者設計出創新且實力的產品 2. 能利用討論、繪製草圖、製作圖表、建模、與電腦輔助設計等方式來表達想法	1. 能透過研究和調查，來理解使用者需求 2. 能解決自己在設計上遇到的問題 3. 能設計符合多種情境的產品 4. 能用多媒體來開發和交流設計理念
製作	1. 選擇並使用一系列器具來切割、成型、連接和加工 2. 根據特性選擇和使用各種材料和元件	1. 選擇並使用更廣泛的器具來切割、成型、連接和加工 2. 根據功能特性和美學品質，從更廣泛的材料和元件中進行選擇和使用	1. 精確選擇和使用專業工具、技術、工藝、設備和機械 2. 根據特性，從更廣泛、更複雜的材料、元件和成分中進行選擇和使用

英國 DT 課程教科書 *Design and Technology*（Garratt, 2004），說明了從 Situation, Analyse the situation 到 Prepare working drawings and plan ahead 等 11 個進行設計製作的步驟，當中培養學生鑽研、探究和解難精神。

STEM Learning 是英國最大的 STEM 教育和職業支援組織，除了整合 STEM 相關的資源外，亦為教師提供各種支援，包括：(1) 提供上千種 STEM 的實體教材和線上課程；以及 (2) 培訓 STEM 相關的從業員成為 STEM Ambassadors，義務支援教師的 STEM 教學工作。

英國的資歷頒證機構以國家資歷架構所制定的級別和準則來審核國內外的 STEM 教育課程，並發出資歷認可，為有志投身創科教育的人士提供進修途徑。

四、澳洲

2018 年，澳洲政府發佈了《澳洲願景 2030：創新促進繁榮》計劃，旨在將澳洲發展成為全球領先的創新型國家。該計劃將 STEM 教育置於核心地位，提出要提升與 STEM 學科相關的教師教育質量，激發基礎教育階段學生對 STEM 課程的興趣，鼓勵學生選修更高水平的 STEM 學科課程，進行 STEM 相關職業認證，為部分學生的職業準備做好準備。

澳洲亦為 10 年級至 12 年級的資優學生設置卓越中心學校，在不同的學科和領域（包括 STEM 相關學科）提供了專業的教育資源和學習環境，以幫助資優學生發揮潛力和才華。

新南威爾斯州的教育部門為 STEM 提供了 STEM learning frameworks，不但融入了數學 K-10 和科學與技術 K-6 教學大綱的相關方面，還為每項學習目標提供學習及評核工具，有助教師規劃學生的 STEM 學習順序，評估相關技能的發展進度。

五、愛沙尼亞

愛沙尼亞政府推出了一個名為 School Life（Koolielu）的網上資源庫，彙集全國教師自行製作的電子教學資源。通過這個平台，教師可以與其他使用者交流教學方法，分享教育資源，節省了製作和搜尋教學資源的時間和精力，提高了教學品質。

2014 年，愛沙尼亞和芬蘭訂立協議，共同開發了一個名為「教育雲」（Education Cloud）的專案，讓世界上其中兩個最健全的教育體系可以就教育資源進行交流，為兩國的教育合作和交流打開了新的大門，也為其他國家的教育改革提供了啟示和借鑑。

愛沙尼亞政府充分利用現代技術和平台，有效地促進教育資源的共用和交流，提高教學品質和水準，為未來的教育事業發展提供新的機遇和挑戰。

當局更撥出 350 萬歐元（3,010 萬港元）預算，在 2009 至 2015 年推行 TeaMe 計劃。TeaMe 計劃舉辦了多項活動，其中最廣為人知的節目是 Rocket 69，讓年輕參賽者為解決複雜的 STEM 相關任務鬥智鬥力，爭奪 1 萬歐元的獎學金。根據愛沙尼亞研究委員會提供的資料，自 2011 年以來，Rocket 69 已經播出了逾 120 集，每集收看人數達 10 萬，成為愛沙尼亞 STEM 教育的一個亮點。

TeaMe 計劃還推出了其他 STEM 相關的活動和項目，如電視節目、遊戲節目和職業體驗機會等，旨在使學習 STEM

變得更有趣，對年輕人更具吸引力。

愛沙尼亞政府不僅在學生方面進行推廣和支持，同時為 STEM 教師提供了特別支援。愛沙尼亞研究委員會成立了專責部門，邀請專家及研究員設計課程及帶領學生進行科學項目，也舉辦了教師培訓，以幫助教師掌握最新的 STEM 教學方法。

為了提高教師的專業水平，2013 年更新了教師的專業標準，重新界定了教師專業的核心能力。自此，教師必須參加政府資助的持續進修課程，每 5 年最少 160 小時，以確保教師掌握最新的教學法和技術，提高 STEM 教學質量和效果。

愛沙尼亞政府為 STEM 教育提供了全方位的支援和培訓，不僅致力於提高學生的 STEM 素養和就業競爭力，同時也注重提高教師的專業水平和教學質量，為國家的 STEM 產業發展和社會進步注入源源不斷的人才和創新動力。

參考資料：

1. 中華人民共和國中央人民政府教育部（2016 年 6 月 7 日）。《教育部關於印發教育資訊化「十三五」規劃》的通知。取自：http://www.moe.gov.cn/srcsite/A16/s3342/201606/t20160622_269367.html

2. 中華人民共和國中央人民政府教育部（2015 年 9 月 2 日）。〈教育部辦公廳關於徵求對《關於「十三五」期間全面深入推進教育資訊化工作的指導意見（徵求意見稿）》意見的通知〉。取自：http://www.moe.gov.cn/srcsite/A16/s3342/201509/t20150907_206045.html

3. 中華人民共和國中央人民政府教育部（2017 年 7 月 8 日）。《國務院關於印發新一代人工智慧發展規劃的通知》。取自：https://www.gov.cn/zhengce/content/2017-07/20/content_5211996.htm

4. 中華人民共和國中央人民政府教育部（2020 年 5 月 13 日）。《教育部關於印發普通高中課程方案和語文等學科課程標準》（2017 年版 2020 年修訂）的通知。取自：http://www.moe.gov.cn/srcsite/A26/s8001/202006/t20200603_462199.html

5. 中國周刊網（2020 年 2 月 7 日）。〈《中國 STEM 教育白皮書》正式發佈〉。取自：http://www.chinaweekly.cn/42037.html

6. 中國未來學校實驗室（2018 年 7 月 6 日）。《中國 STEM 教育 2029 行動計畫丨首批領航學校、種子學校、種子教師重磅公佈》。取自：https://www.sohu.com/a/239673101_793135

7. 深圳市人民政府。（2017 年 4 月 17 日）。〈深圳市人民政府關於印發《深圳市全民科學素質行動計畫綱要實施方案（2017－2020 年）》的通知》〉。取自：http://www.sz.gov.cn/zfgb/2017/gb1001/content/post_4989355.html

8. 中華人民共和國中央人民政府教育部（2019 年 3 月 1 日）。《2019 年教育資訊化和網路安全工作要點》。取自：http://www.moe.gov.cn/srcsite/A16/s3342/201903/t20190312_373147.html

9. 中華人民共和國中央人民政府國務院（2021 年 6 月 3 日）。《全民科學素質行動規劃綱要（2021－2035 年）》。取自：https://www.gov.cn/zhengce/content/2021-06/25/content_5620813.htm

10. 中國未來學校實驗室（2019 年 11 月 12 日）。《中國 STEM 教育 2029 行動計畫種子及骨幹教師培訓會議》。取自：https://www.sohu.com/a/354468242_793135。

11. 中國教育科學研究院（2018 年）。《中國 STEM 教育 2029 創新行動計劃》。

12. 北京市教育委員會（2025 年 3 月 7 日）。〈北京市推進中小學人工智慧教育工作方案（2025－2027 年）〉。取自：https://jw.beijing.gov.cn/xxgk/2024zcwj/2024qtwj/202503/t20250307_4028227.html

13. 中華人民共和國中央人民政府教育部（2025 年 1 月 19 日）。中共中央國務院印發《教育強國建設規劃綱要（2024－2035 年）》。取自：http://www.moe.gov.cn/jyb_xxgk/moe_1777/moe_1778/202501/t20250119_1176193.html

14. 中華人民共和國中央人民政府教育部（2025 年 1 月 19 日）。〈教育部負責人就《教育強國建設規劃綱要（2024－2035 年）》答記者問〉。取自：http://www.moe.gov.cn/jyb_xwfb/s271/202501/t20250119_1176197.html

15. 中國教育和科研計算機網（2024 年 12 月 2 日）。〈教育部發文：2030 年前中小學基本普及人工智慧教育〉。取自：https://www.edu.cn/xxh/focus/zc/202412/t20241202_2644322.shtml

16. 中華人民共和國香港特別行政會立法會（2017 年）。《中學的 STEM 教育》。取自：https://www.legco.gov.hk/research-publications/chinese/essentials-1617ise13-stem-education-in-secondary-schools.htm

17. National Academies. Science Engineering Medicine. (2012). A Framework for K-12 Science Education. Extracted from: https://nap.nationalacademies.org/catalog/13165/a-framework-for-k-12-science-educationpractices-crosscutting-concepts

18. Association for Computing Machinery. (2016). K-12 Computer Science Framework. Extracted from: https://k12cs.org/

19. STEM Ecosystems. 17 DC STEM Network. Extracted from: https://stemecosystems.org/ecosystem/dc-stem-network/

20. Department for Education. (July 2013). The national curriculum in England Framework document. Extracted from: https://www.designtechnology.org.uk/media/1120/nc-framework-document.pdf

21. Garratt, J. (Ed.). (2004). *Design and technology* (2nd ed.). Cambridge, UK: Cambridge University Press.

22. Australian Government（2018）*Australia 2030: Prosperity through Innovation*. Canberra: Department of Industry, Innovation and Science.

23. The Northern Territory Government of Australia. Apply to a Centre for Excellence school. Extracted from: https://nt.gov.au/learning/primary-and-secondary-students/apply-to-a-centre-for-excellence-school

24. STEM learning frameworks | K-6. Extracted from: https://education.nsw.gov.au/teaching-and-learning/curriculum/stem/early-stage-1-to-stage-3/learning-frameworks#

25. Eurostat. (2017) Statistics explained: Government expenditure on education.

26. European Parliament. (2015) Encouraging STEM Studies for the Labour Market.

第六部分

展望

現時資訊科技急速起飛，未來的發展想必是一日千里，故科技教育的創新與傳承已成大勢所趨，沒有一個國家或地區能獨善其身。香港特區政府必須認真審視如何作出應對，並訂定周詳計劃，好讓莘莘學子能在科技世界屹立不搖。

一、推動數字教育　促進香港教育轉型

要達至理想目標，我們需要與時並進，對資訊科技發展的進程有透徹了解。其中，筆者認為，在現今世界大環境下，數字教育已成為推動教育現代化、構建高質量教育體系的核心力量。這種轉型不僅代表了教學方式的革新，也為學生提供了更豐富和多元的學習體驗。李強總理在 2024 年兩會上的《政府工作報告》中亦提出要大力發展數字教育。

事實上，習近平總書記早於中共中央政治局第五次集體學習時已強調：「教育數字化是我國開闢教育發展新賽道和塑造教育發展新優勢的重要突破口。」香港特區政府近年雖着力推動創科教育，但香港的數字教育依然處於起步階段。在人工智能等新興領域的教育推廣和應用上，政府仍需加大

力度。這不僅需要教育部門的引導和支持，也需要社會各界的共同努力。

在推動數字教育的過程中，亦應高度重視道德和安全的教育，培養學生的網絡素養和風險防範意識。數據顯示，全球 15 至 24 歲的年輕人中有高達 79% 的比例上網，此比例遠超其他年齡段。這表明年輕一代已經成為數字化時代的主力軍。然而，與此同時，網絡安全事件也層出不窮。全球每年因網絡攻擊和數據洩露導致的經濟損失高達數千億美元，對個人私隱和國家安全構成嚴重威脅。隨着人工智能的廣泛應用，與之相關的安全問題也日益增加，故政府當局應該及早制訂應對方案。

筆者建議，學校應該強化相關的安全議題，並灌輸國家安全的防範意識，讓學生了解到網絡安全的基本知識；其次，學校可以邀請網絡安全專家舉行講座和培訓，為學生提供實用的安全建議和指導；學校還可以開展網絡安全競賽或模擬演練等活動，讓學生在實踐中提高網絡安全技能。

此外，推行數字教育必定會廣泛應用生成式人工智能，例如，ChatGPT、Sora 以及文心一言等工具，但過往市場上訓練人工智能的大語言模型數據庫，大多是用英語語料庫訓練，這在一定程度上忽視了非英語使用者的需求，亦未能充分融入中國文化元素。因此，筆者早已建議當局推動數字教育時必須提出指引，要求學校慎選具備中國文化特色的大語言模型，亦應促進業界開發更多屬於中國人的語言模型，以中文、中國文化資料進行訓練，這樣學生學習時才不會脫離現實生活中的語言和文化背景。隨着 DeepSeek 的出現，相

筆者（一排左四）出席中文新聞標示語言國際研討會

信將有助改善有關情況。筆者期盼大眾能更重視打造「具中國文化特色數字教育體制」的重要性，並支持其進一步深化及應用。

二、制訂完善配套措施　迎接未來教育新局面

除了推動數字教育外，如想香港的創新科技教育順利發展，仍需要一系列的措施作配合，方能收事半功倍之效：

1. 重視「教育、科技和人才」的角色和關聯性

早於 2023 年，筆者已倡議香港特區政府設立跨部門合作的創科人才發展督導委員會，全面優化本港培育創科人才的環境。督導委員會應由政務司司長或副司長統領，成員包

括政府負責教育、青年及創新科技的官員，前線大、中、小學教師和創科業界代表等。

在教育方面，督導委員會的職責包括協助教育局建立創科課程的框架、就整體策略提供意見和指導，以及監察、評估和檢討實施情況等，亦要吸納教師回饋和各界意見，以持續更新課程框架，協助學校發展出既適合校本，又追得上時代變化的 STEAM 課程。另外，創科教育課外培訓機構資質認定及機構教師水平考核認證也應納入督導委員會監督管理範疇，以加強對課外培訓機構的規範化和標準化管理。

在就業方面，督導委員會一方面要為創科行業提供清晰的職業規劃，另一方面亦要和大灣區的其他城市緊密合作，便利區內創科人才流動及靈活發展，吸引人才投身無限機遇的創科行業。

及後於 2024 年，筆者欣見中共二十屆三中全會明確表示支持香港打造國際高端人才集聚高地，為香港在人才搭建方面設立新目標定位。同年，行政長官於《施政報告》宣佈成立「教育、科技和人才委員會」，統籌推動更多專門吸納重點創科人才的針對性措施，以精準回應國家發展策略，滿足香港的發展需求。有關措施與筆者早前提出的倡議不謀而合，相信此舉將有利香港長遠的創科人才建設。

2025 年兩會期間，「人工智能」（AI）與「教育」成為焦點議題。國務院總理李強在政府工作報告中提出，深入實施科教興國戰略，提升國家創新體系整體效能。全國政協十四屆三次會議新聞發言人劉結一又曾強調，「科技創新靠人才、人才培養靠教育」，正充分顯示出教育在推動科技創新的重要性。與此同時，亦凸顯了「教育、科技和人才委員會」的重任和效能。我們既要把握機遇，也要積極做好實務工作，使「教育、科技和人才」三者能相互配合，得以發揮最大效能。

2. 提高創科軟技能認知　重視知識產權

香港特區政府宜在不同級別（general education）的課程中加入更多創科軟技能的認知，包括創新的商業模式及知識產權的重要性；推動大學成立知識產權學院，培育本地科技轉移人才，並為現有專業人士提供增值課程，轉戰知識產權及科技轉移領域。

在發展北都區的同時，應檢視現有的知識產權相關法規，為科研成果釐清知識產權的歸屬，確保研發團隊、投資者、企業等持份者在科研成果商品化的過程中，均獲得公平對待和合理回報；同時要設立專業機構，有效地管理知識產權交易及相關事宜。

3. 建立靈活的創科教育課程框架

創科學習領域課程的發展日新月異，相關的課程指引亦需與時俱進。教育局可考慮為創科教育領域課程建立靈活的框架，從而應對急速的科技發展。

該框架除了提供創科教育領域課程的教學核心概念、重點和活動建議外，亦應提供評估課程設計，以及測量學生學習成效的評鑒量表，幫助保持創科教育的質量及反映創科教育的成效。

此外，筆者建議政府設立與創科教育相關的學習活動連繫各學習領域的課程，如參考現有的《香港學生資訊素養》學習架構、《科技教育學習領域課程指引》等，建立靈活而有系統的創科教育學習領域課程框架，方便教師在規劃及設計創科教育相關學習活動時，能銜接各學習領域的進度，協助學生在創科學習中達到循序漸進及循迴鞏固的效果，確保學校創科教育課程的縱向銜接及橫向連繫。

創科教育和資訊素養都是學生需要培養的能力和態度，兩者的教育皆融入學校整體課程中。在制定創科學習領域課程框架時，可仿效資訊素養教育，列明涵蓋範疇及對應的類別，並提供詳細描述及對應四個學習階段的目標。在有系統的框架下，不單方便教師按校內相關科目的授課進度安排創科教育，當局亦能在提供創科課程指引和教與學資源時，列明對應的主題和適合的學習階段，增加資源的運用效率。

創科教育屬跨學科課程，在建構創科教育整體的課程安排時，可把知識範圍以跨學科的方式重整各個學習範疇，以優化整體課程發展，提升不同學習階段之間的銜接，有助學生學習經驗的累積與完整知識系統的習得。

至於設計課程框架時，除了可以參考前文提及的美國的 K-12 科學教育框架、K-12 電腦科學框架及英國的 DT 課程等國際現行教育框架，還應多以「基於解難的學習方法」出發，讓青年人懂得發現問題，並就此提出解決或改善方法，從中培養分析、解難、創造和團隊合作的能力，得以靈話套用在學科學習上。

4. 增加本科和教育文憑學位、加強在職培訓

為了確保香港教育體系能跟上創科教育需求，筆者認為應增設更多的本科和教育文憑學位，以吸引更多學生進入創科領域，培養更多專業人才；同時加強在職培訓，以提高教師的技能和知識水平。

其次，吸引成績優異的學生報讀與創科相關的學士學位課程，對香港建立強大的本地人才庫十分重要。可參考德國政府把 STEAM 教育（其國內稱為 MINT 教育）和職業教育掛鈎，吸引優秀學生學習科學、工程、電腦等專業並在該領域從事工作。

在職培訓方面，則可仿效愛沙尼亞，加強對教師的在職培訓，更新教師的專業標準、提高教師創科專業的核心能力。

5. 檢視課程結構和內容

教育局可重新建立靈活而有系統的創科學習領域課程框架，如新加坡推出的應用學習計劃，課程包括八個主要領域和十二個主題，學校可選擇一或兩個主題開展應用學習。每個主題的課程都制定了詳細的課程大綱供學校參考，包括具體的課時、每節課的主題等，也有相應的實踐專案。

創科學習領域課程框架可在專家指導下，劃分領域和主題，並且提供詳細的課程大綱供教師參考，學校和教師再根據學生的需求和興趣進行靈活的調整和組合。

數學是貫穿學生生涯的基礎學科，也是創科教育中最需

要重視的基本功，而統計學又是數學知識體系中的重要組成部分，當下熱門的人工智能等先進科技都是以統計學為基礎，學生不管是作為未來的創科從業者、還是科技的使用者，都應該知其原理，具備基本的創科素養。故此，筆者除了支持把人工智能學習獨立成科外，還建議局方持續檢視高中數學核心科目部分、延伸部分單元一和單元二（M1／M2）之間課程內容設置配比的問題，以廣泛培養學生的數理統計能力。

6. 設立地區「創科教育中心」

「STEM 教育中心」有效支援學校推廣 STEM 教育，若要大力推動本港的創科教育，令更多師生受惠，可將教育中心升級成「創科教育中心」，並擴展至每一區。

地區「創科教育中心」服務該區師生，除了繼續提供教學場所和專業培訓外，還可和校外的創科教育業者、學者、工程師、科學家等合作。中心可挑選能提供嶄新且高質量創科教育課程的機構，讓機構的專業人員在中心內教授學生先進的創科知識，或安排人員到校內教授創科課程，達到「讓專業人員教授專業知識」，減輕教師的壓力。

此外，中心可強化學校與社區夥伴的合作，包括邀請各界協助教師開發新議題、新的教學內容，以及設計教材套，達到芬蘭 LUMA 導師的指導效果；亦可仿效英國的 STEM Ambassadors 計劃，多吸納已退休教育人員、創科業界人士等，以確保教育中心有足夠人手及充分的前創科業界前線經驗，開拓學生的眼界，鼓勵下一代把創科納入生涯規劃之中。

創科教育需要拓闊老師及學生的視野，多接觸不同的案例，中心宜邀請院士、專家等舉辦講座，組織教師及學生到本港或內地的創科設施、機構、企業等參觀。

有鑒於創科產業變化的速度遠超學校課程的調整速度，而校內教授 STEM 的老師皆為兼任，要同時精進本科和持續學習日新月異的創科知識，又要購置、管理和試用不同教材，工作量極大。地區「創科教育中心」可以協助學校共享教材，提供平台讓教師分享使用教材的心得和本校設計的教材，便利備課。

地區「創科教育中心」在支援中、小學的創科教育上發展成熟後，可把服務對象拓展至整個社區，如進行社區科普、向市民（尤其是家長）推廣創科就業出路等。

7. 監管校外課程

教育局宜為校外創科課程設立認證系統，評核課程是否有助學生發展創科技能，以及適合哪一個學習階段的學生，亦要訂立規管導師的機制，幫助家長挑選合適子女程度的校外創科課程。當局在制訂課程標準和規管導師時，可考慮銜接國內外受官方或具公信力的機構認可的標準，例如：芬蘭的 EAF、英國的 TQUK 等。

此外，目前教授校外創科課程的導師不一定有修讀 STEM 學科的背景，當局要訂明哪類的課程必須由在高中或大專修讀過 STEM 學科的導師任教，有哪些可以豁免，又有哪些課程的導師只要通過指定考核就可執教。

由於並非每個家長都熟悉創科領域，受認可的創科課程宜設有量表，標明課程涉及哪些創科範疇，以及學生所展現的能力達到什麼水平，有助家長了解孩子所長，早日發掘潛能。

8. 完善拔尖制度

要推動創科教育的發展，拔尖人才的培養至關重要。然而，現有的拔尖制度主要依賴大學的培養和選拔，筆者認為這樣的制度並不足夠完善，香港的創科拔尖制度應該更加多元。除了大學，還應該注重中小學和職業教育機構的培育和選拔，以便能夠發掘更多潛在的創科拔尖人才。

政府和學術界應該加強與產業界的合作，提供更多的實踐機會，讓學生能夠更好地掌握 STEAM 相關知識和技能，並將其應用到實際生產中，並且提供更多的資金支持，鼓勵學生進行創科相關的研究和創新實踐，進一步促進拔尖人才的培養和發展。

參考資料：

1. 教育局（2022）《《香港學生資訊素養》學習架構（更新版）（擬定稿）》。取自：https://www.edb.gov.hk/attachment/tc/edu-system/primary-secondary/applicable-to-primary-secondary/it-in-edu/Information-Literacy/IL_learningFramework/IL_LearningFramework(UpdatedVersion)(Draft)(CH).pdf
2. 立法會秘書處《資訊述要》（2017）《中學的 STEM 教育》https://www.legco.gov.hk/research-publications/chinese/essentials-1617ise13-stem-education-in-secondary-schools.htm

3. 高寶玉和賴明珠（主編）（2020）。《香港 STEM 教育：理論與課堂實踐》。香港教育大學卓越教學發展中心。取自：https://www.eduhk.hk/celt/files/file/centres/celt/crac/%E9%A6%99%E6%B8%AFSTEM%E6%95%99%E8%82%B2%E7%9A%84%E6%8C%91%E6%88%B0%E5%8F%8A%E5%9C%8B%E9%9A%9B%E7%B6%93%E9%A9%97%E7%9A%84%E5%95%9F%E7%A4%BA.pdf

4. 香港教育工作者聯會（2017）。《前線 STEM 教師支援政策研究報告》。取自：https://hkfew.org.hk/%E6%95%99%E8%82%B2%E6%94%BF%E7%AD%96/item/download/1868_decc5f308549ea804db32ab7dbccbfa8

下篇

香港創科發展的未來路向

三個臭皮匠　勝過一個諸葛亮

不分你我　集腋成裘　攜手共進　跨越界限

讓創新　引領夢想成真

讓科技　在香港這片沃土上發光發熱

路向一

從大學到社會

——發揮大學優勢　完善創科生態

大學在整個社會的創科產業發展中往往起了很大的助推作用。眾所周知，許多現時在市場上獨當一面的科技公司都起萌於創始人的大學時期；同時，大學教育中兼具專業性與前沿性的知識技能，也為創業者們提供了不可或缺的基本功。若能利用好大學這一平台，高效地整合社會資源、加速資訊交換、溝通多方經驗，進而綜合起不同學科知識的創科培養皿，那將在很大程度上有利於香港社會的創科產業。

圖 1

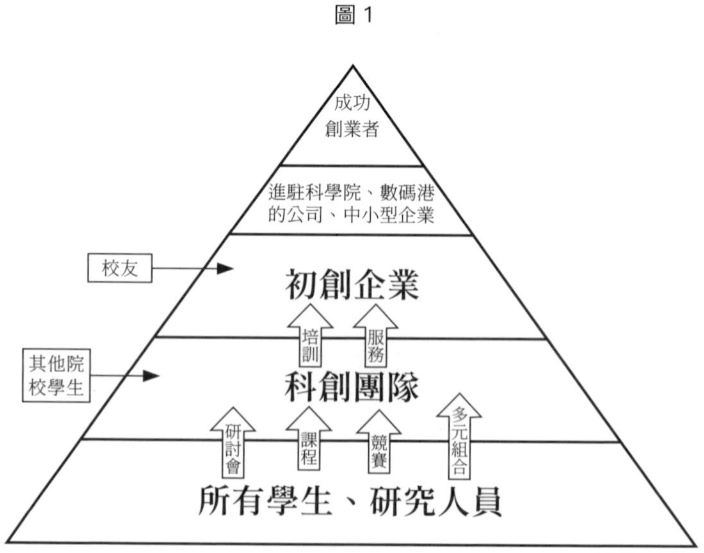

以香港中文大學為例，近年來其有意塑造的，正是這樣一種全方位的創科支持體系，試圖為大學生及研究人員提供一套從理念到實踐、從創意到創業的完整路徑。如果將這一路徑的樣貌直觀呈現出來，將是一個分為五層的三角形，每一層都代表了創科的一個階段。最底層是所有有可能參與創科活動的學生與研究人員，最頂層則是成功的創業人士，分別代表了創科的起始點和終點。如上圖中箭頭方向所示，從廣大的學生群體裏面生長成為成功創業者需要經歷一個漫長而坎坷的過程，不斷有新的學生受到啟發組織、加入創科團隊，也不斷有創科的項目面臨各種難關而戛然中止，因此最後真正成功者較之所有參與創科活動的人來說，只是鳳毛麟角。在這樣的一個過程中，香港中文大學無疑起到了積極的催化作用，它針對不同階段的創科群體，提供不同的平台、訓練和服務。

從三角形的最底層到上面一層，我們可以看到，中大面對所有學生和研究人員的舉措包括了：開設大量有關科創的課程、舉辦研討會，以及一系列創科競賽，並藉此促進他們自由組合成科創團隊；接着，中大定點為那些在一系列課程和活動中脫穎而出的團隊，給予創業培訓、諮詢，並提供好的創業環境和資金支援，使得科創團隊正式成為初創企業。當初創企業獲得一定程度的獨立能力之後，便能從中大孵化器畢業，進駐科學園、數碼港，成為在商業社會中初步立足的中小型企業，直到其中真正具有市場競爭力的創業者成功在當前時代中站穩腳跟，才完成了圖中所示的創科活動的一個完整周期。

以下將主要就圖示中的創科前兩個階段，闡述中大對於創科團隊的培育。

首先是面對所有學生與研究人員開放的基礎性課程。就課程設置而言，有可供工科生修讀的「創新工程設計」、「智慧系統開發」等，幫助他們快速接觸到前沿的技術，並且配備實操所需要的技能；也有可供商科生修讀的「科技創業與管理」、「數字化轉型與商業策略」，幫助他們了解成立並發展一個以科技為主要競爭力的企業的特殊策略。除了傳統的以專業性強的知識來培養科創產業所需要的多方面人才之外，中大也增設了一些綜合性更強、更接地氣的創新性課程。2022 年秋季，「工程創業項目提案」和「工程創業發展項目」兩個給高年級工科學生修讀的系列課程在選課平台上登場，在上半個學期提出初步設想，下半個學期開展使用原型，讓學生可以在一個學年內自主完成一個從設想、計劃並且在技術上予以初步實現的工程類的項目。為避免學生閉門造車，在課堂討論之中受眾導向的分析評估佔據重要比重，比如對於市場上現行方法比較、市場規模估計，以及現金流量分析等；在產生初步構想時也會請工程企業家對其進行評分和指點，在本科完結前，學生需要在一項目比賽中展示他們的作品，入圍者由一個包括校外企業家的評審小組考慮可行的延續方案。此外，由理學院、醫學院、工商學院合辦的跨學科學士課程「生物科技、創業與醫療管理」也在 2022 年正式推出，學生需要在四年之中分別修讀這三個領域的課程，旨在培養具有生物科技背景、創業精神和醫療管理能力的複合型人才；亦有「創業創新輔修課程」可供任何學科背景而有意於創業的學生修讀，以了解創科所需的基本知識。

得益於豐厚的校友資源，中大也為有志於科技創業的學生準備了一系列講座和論壇，以供他們學習前輩經驗，互相交流學習，了解最近的科技趨勢。邀請成功創業者分享他們的經驗和教訓，幫助參與者了解從融資到上市的創業全過程，如 2021 年在中大創業日中，域思集團創辦人及行政總裁陳樹偉校友講述了他面對經濟局勢轉變引領其企業轉型至數碼營銷及創意方案；2022 年，邀請中大醫學院中成功研發無創產檢的團隊講述他們從研發到知識產權保護，再到風險投資和商業化的道路；2023 年，邀請了香港的網點物流平台 ShipAny 聯合創始人張立志校友呈現其在對市場的洞察和利用自身計算機背景的雙重指引下建立新事業的歷程；2024 年，則關注可持續發展與科技創業之間的關聯，給同學們呈現了由香港喵坊創辦人葉文琪校友對於其將互聯網思維應用於廢品回收管理的巧思。這些來自不同領域的前輩的科創經歷，具啟發性地向學生們展示了初創企業所面臨的風險與機遇，帶給學生們很大的激勵與示範作用。

其次，中大也經常舉辦專題講座，以幫助學生了解科創的各個環節，歷年有保護知識產權、如何獲取啟動資金、如何與投資者協商等主題，照顧到創業者實在的需求。除此之外，在一年一度的中大創業日中，亦設有「創業訪談」、「創業團隊與校友投資者交流」、「創業展覽」的活動，激發學生們的科創熱情，聽取多方建議，讓學生們有機會互相展示、介紹自己在校期間完成的各類初創課題，造成良好的取長補短的競爭性態勢。在這樣一種「主題演講—圓桌論壇—創業展覽」的三維建構之下，與其說給學生們奠定了未來創業路程的視野、資源、技能等基礎，更重要的是使學生們沉浸在這樣一個話語空間之中，讓他們充分認同創新科技帶動商業發展的願景，在這樣一種有機會切實地改善公共空間、改善自己與他人生活的創業路徑之中看到自己的未來。

除此之外，中大舉辦或參與過多種創新實踐項目，包括創科訓練營、編程馬拉松（Hackathon），以及創業競賽等不同的活動組織形式，旨在引導學生們將所學知識以創意與應用為導向進行融會貫通。例如一年一度的香港大學生創新與創業大賽，至 2025 年已經舉辦到第 11 屆；亦有「內地與港澳地區數字經濟創新創業競賽」、兩年一度的「高錕教授學生創意獎」、「中大校長杯學生創業比賽」、「CUHK Data Hack」等等。比之傳統的課程項目，競賽類的活動本身更具創造性，更多地鍛煉了學生們的應變能力、團隊合作精神、在短時間整合資訊、創造性地解決問題的能力，從而可以接近創業者們的實際處境，幫助這些創科產業的生力軍們配備他們在未來經濟市場中實操所需要的社會性技能與常識。而創科訓練營往往可以在短時間中對參與的學生進行集中培訓，幫助其快速掌握有用的技能，比如在 2025 年剛剛結束的「Innox Entrepreneurship Camp」中，學生們在一個月內完成創辦公司的基本培訓，並走訪參觀科技公司獲得實地經驗。這樣的活動組織形式也促成中大不同學科背景的學生的互相結識與合作，也有利於帶動中大學生和校外夥伴的合作。在組隊參與這一類項目的時候，並不限制參與學生的學科背景，而是鼓勵不同學科的學生組隊完成任務，同學們也

2013 年中大工程學院與香港科技教育學會合辦的「科技顯六藝」機械人設計及製作比賽

經常會拉上自己在其他大學的朋友，模擬了在真實創業過程之中所遇到的人際互動，聯合人脈資源等等現實問題。通過這些活動，可以擴大大學的創科優勢的影響力，以中大為中心輻射到整個香港社會的創科生態。

以上是中大在學生群體之中鼓勵科技創業，打造創意與實操並重的校園文化環境的一系列舉措；而對於在這一系列的創科活動訓練之中脫穎而出，並且有意願進一步發展的團隊，中大也將針對性地對其提供資金、場地、人脈資源等定點孵化方案。坐落於博文苑 CUHK PI Centre 是在中大校園內部的初創者聚集地，它在硬體上為初創企業提供會議室、展覽區以及辦公設備，同時也有常駐導師，隨時可以滿足創業者向專業人士諮詢的需求。當創業團隊發展到一定階段之後，即可從 CUHK PI Centre 中畢業，獲得投資或是再進入校外科學園以及數碼港的孵化計劃，至今已有 84 個團隊從中畢業。此外，中大創業有限公司作為香港中文大學的子公司，作為連接學校科創團隊和社會資金的橋樑，幫助初創企業得到資金支援，同時也建立起信譽，幫助投資者篩選、識別有前景的科創項目。

總而言之，香港中文大學在多年支持科創的實踐和探索中，發展出一條從廣泛培養科創意識、鍛煉科創技能，到召集科創團隊的建立，進一步孵化初創企業的完整路徑；亦成為香港社會科創發展的重要樞紐，對接多方資訊資源，綜合多學科人才，為創新提供知識性的土壤，為創業提供切實有效的途徑。多年來的累積，使得香港中文大學形成培育科創公司的正向循環，從中大走出來的創科公司創始人也更願意在講座、研討會中向學弟學妹分享自身經歷；教育者們也有管道獲得第一手資訊來適當地引導、幫助有創業意願的學生，在創科教育上的師資愈發充沛。希望香港中文大學可以延續創科培育的傳統，繼續為香港社會輸送創意創業的優質人才。

大學是社會的縮影，以上的創科推動模式，某程度上，加上適當調改，或可伸展到用於香港社會。例如，創科發展需要提升學生，即社會上普羅大眾，對創科的興趣和認識。學校裏有課程和課外活動，社會則需要教育和科普相關活動來推廣大眾對創科的認識。學校引進校友和其他院校創科團隊來提升學生創科實力，社會亦應該引進人才和把創科企業引進香港，加快和擴大創科產業成長。

中大毗鄰科學園，港大旁有數碼港，這些鄰居兼策略夥伴對發展創科都極為重要。香港處身大灣區，毗鄰深圳、廣州這些科技重鎮，我們應該與它們高度融合，發揮最大協同効應。

以上種種，加上前人已啟動或已鋪墊的基礎，我們就繼續完善香港的創科生態圈，把握國家發展和世界趨勢，在適當科技策略範疇努力推進，定能取得豐碩成果。

參考資料：

1. Department of Computer Science and Engineering. The Chinese University of Hong Kong. Undergraduate Course List. Extracted from: https://www.cse.cuhk.edu.hk/academics/ug-course-list/
2. CUHK Business School. Department of Decisions, Operations and Technology. Overview. Extracted from: https://www.bschool.cuhk.edu.hk/departments/decisions-operations-and-technology/
3. The Chinese University of Hong Kong. Print Course Catalogue Details. Academic Org: Fac Office of Engineering – Subject: Course offered by Fac of Erg. Introduction to Engineering Entrepreneurship. Extracted from: https://www.cse.cuhk.edu.hk/wp-content/uploads/academics/ug/Courses/ENGG3802.pdf
4. The Chinese University of Hong Kong. Print Course Catalogue Details. Academic Org: Fac Office of Engineering – Subject: Course offered by Fac of Erg. Engineering Entrepreneurship Development Project. Extracted from: https://www.cse.cuhk.edu.hk/wp-content/uploads/academics/ug/Courses/ENGG3803.pdf
5. 香港中文大學。本科招生。生物科技、創業與醫療管理課程。取自：https://admission.cuhk.edu.hk/tc/programme/behmn/

6. CUHK Alumni Publications. CUHK Entrepreneur Day 2022. Extracted from: https://issuu.com/cuhk_alumni_publications/docs/eday2022-booklet

7. CUHK Alumni Publications. CUHK Entrepreneur Day 2023. Extracted from: https://issuu.com/cuhk_alumni_publications/docs/eday2023-booklet

8. CUHK Alumni Publications. CUHK Entrepreneur Day 2024. Extracted from: https://issuu.com/cuhk_alumni_publications/docs/eday2024-booklet

9. Hong Kong Challenge Plus. The 11th Hong Kong University Student Innovation and Entrepreneurship Competition. Extracted from: https://www.hkchallengeplus.com/

10. The Chinese University of Hong Kong. Office of Research and Knowledge Transfer Services. InnoX Entrepreneurship Winter Camp 2025. Extracted from: https://www.orkts.cuhk.edu.hk/en/news-events/events/workshop/innox-camp-2025

11. International Association of Business Management Simulation. Past Competitions. 2024 內地與港澳地區數字經濟創新創業競賽. Extracted from: https://www.intabms.org/ccoic2014economyinnovation

12. The Chinese University of Hong Kong. Communications and Public Relations Office. Professor Charles K. Kao Student Creativity Awards. Extracted from: https://www.cpr.cuhk.edu.hk/tc/event/professor-charles-k-kao-student-creativity-awards-pckksca-2023/

13. 香港中文大學。崇基學院。「中大校長杯（校長杯）學生創業比賽」2024- 最後召集（截止日期：2024 年 3 月 1 日）。取自：https://www.ccc.cuhk.edu.hk/sc/news_detail.php?cid=49&id=1305

14. The Chinese University of Hong Kong. CUHK Data Hack 2025. Extracted from. https://libguides.lib.cuhk.edu.hk/datahack

15. CUHK PI Centre. CUHK PI Centre Dare to Innovate. Dare to Create. Extracted from: https://www.picentre.cuhk.edu.hk/

路向二

發展欣賞創科的本地文化

創科發展取決於人，普羅人眾對創科有足夠的認識、欣賞、關注、興趣，以至模仿學習，便有更多年青人投身有關學業和事業。當中，成功的創科創業者可以成為年青人的學習對象。

例如香港科技大學李澤湘教授，正是在創科領域上有着重大貢獻的表表者。李澤湘是中國創新科技領域的重要人物，被譽為「大疆教父」，他指導學生成立大疆創新，即現時全球無人機產業的市場和技術領導者。李教授出生於湖南的教師家庭，後來於美國獲得博士學位，並在香港科技大學任教。除大疆外，李教授於 2014 年在東莞松山湖創立了 XbotPark 機器人基地，百多家創科企業從這裏孵化出來，其中十多家更成為獨角獸。

李澤湘的成功不僅源於他的創業能力，還在於他對教育的堅持。他創立了「導師＋學生」的天使投資模式，鼓勵學生實踐所學，並培育了多家硬科技公司，包括大疆創新和固高科技等。這些公司在他的支持下迅速崛起，顯示出他在科技創新的生態系統中所起的核心作用。

李澤湘曾表示，教育的重點不在於論文，而是在於學生的實際應用。這一理念促使他成立以產學研結合為核心的企業，推動實踐教學。他的努力使得過去三十年中，三分之一的學生選擇創業，成立了 28 家科技公司，進一步擴展了創新影響力。

李澤湘教授的成就彰顯了他在中國科技創新和教育領域的深遠影響，並為未來更多的創新生態系統奠定了基礎。

除此以外，剛剛冒起的梁文鋒同樣為中國的創科專才，他是中國人工智能新創公司 DeepSeek 的創辦人，該公司以低成本開發的 R1 模型震撼了全球人工智能界。成立僅一年半的 DeepSeek，已推出多款大語言模型，估值高達 1,500 億美元，梁文鋒持有的 84% 股份價值預計達到 1,260 億美元，讓他有望成為亞洲科技富豪之一。

梁文鋒出身於廣東湛江的普通家庭，從小就展現出卓越的數學才能，高考成為狀元後，考入浙江大學主修電子資訊工程。在學期間，他對人工智能的興趣日益增加，並在碩士階段專注於將人工智能應用於量化交易，深入理解金融市場。2007 年，他創立的幻方量化基金在內地市場迅速崛起，管理資金規模突破千億元。

2023 年，隨着人工智能熱潮興起，梁文鋒轉型進軍人工智能領域，成立 DeepSeek，專注於高效人工智能模型的研究與開發。該公司擁有 139 名高質素的研發人員，成員多來自清華和北大，形成強大的技術競爭力。DeepSeek 的團隊文化強調創新與效率，梁文鋒只招募頂尖 1% 的天才，確保能做出 99% 中國公司無法達成的成果。這使 DeepSeek 在短時間內取得技術突破，並贏得全世界的讚譽。可見，梁文鋒的成功不僅體現了個人才能，也反映了中國在科技創新領域的潛力與未來。

回顧本港，近年政府大力推動創科發展，包括提供大量創科設備、資助、實習機會予有志發展創科的企業和人才，而這創科的搖籃亦培育出不少創科專才。其中一個具代表性的例子，便是分子生物學的臨床應用專家盧煜明教授。他以其無創性產前診斷技術（NIPT）和在癌症篩檢領域的創新而聞名。他因發明 NIPT 而被譽為「無創產前檢測之父」，這項技術使全球數以千萬計的孕婦能夠更安全地進行產前檢測。其次，他與基因檢測公司 Prenetics 合資成立 Insighta，專注於開發經濟實惠的癌症篩檢方案，目標是利用抽血技術檢測多種癌症。

盧教授的科研旅程始於他在英國攻讀博士時期，當時他對傳統的羊膜穿刺術的風險感到擔憂。回到香港後，他在狹小的實驗室內埋頭研究，經過八年的努力，最終成功從孕婦血漿中提取胎兒 DNA，實現了無創產檢的突破。

可見，盧煜明教授的成就不僅體現了個人的努力和成就，也展示了香港在全球生物科技領域的潛力，即將在未來創造更多的醫療突破。

此外，另一個本港創科人才林凱源，他是 GOGOVan 的創辦人，研發一種提供物流和運送服務的手機應用程式。林凱源自小熱愛做生意，曾經幫人修理電腦和單車，並在回港後決定創業。他的第一個商業嘗試並不成功，但在與同學合作的飯盒廣告生意中，他獲得了靈感，發現用手機應用程式來叫貨車的潛力。

在 2013 年，GOGOVan 正式成立，成為香港首個專注於貨運召喚的手機應用程式。儘管起步資金僅有 2 萬元，辦公室設在一個 100 呎的劏房，但他和團隊通過派發傳單，迅速吸引了大量司機。在短短三個月內，登記司機的人數激增至 25,000 名，每日接到數萬單訂單。

隨着業務的增長，GOGOVan 搬入了 5,000 多呎的新辦公室，並聘請了 40 多名員工提供客戶服務。在資金方面，GOGOVan 初期依賴數碼港的創業基金支持，隨後成功融資 650 萬美金，並收購了兩家有經驗的貨車電召中心，以利用其營運經驗來解決物流行業的挑戰。

GOGOVan 不僅在香港取得成功，還在新加坡開設分部，並計劃進軍其他市場。林凱源對未來充滿信心，堅信這種貨運的手機應用程式，在全球市場上有着巨大的潛力。

筆者認為，GOGOVan 的研發不僅為本港大眾提供了便利的物流和運輸服務，更推進了本港在創科上的發展模式，以及鼓勵創科企業貼近大眾的生活需要，研發解決生活不便的創科產物。

以上幾個例子提到的成功創科領袖和企業家，他們的貢獻不單在推動科技改善我們的生活，又或推動區域以至全球經濟發展，他們更是我們年青人很好的學習對象。

再者，為促進對創新科技的欣賞與了解，以輕鬆有趣的方法介紹科技，如舉辦「創新科技嘉年華」這類活動，有助增加本港大眾對創科的接觸和了解。這個年度旗艦項目自 2005 年開始，每年都有舉辦，設有一系列與創新科技相關的互動和教育活動，包括本地發明及研究成果展覽、工作坊、互動遊戲和講座等，旨在加強大眾對創科的關注。通過這些活動，參加者不僅能夠親身體驗最新的科技應用，還能深入了解創新科技如何改善生活品質。例如香港中文大學研發的「智慧穿戴式腰背輔助外骨架」，能夠在移動重物時為使用者提供個人化的協助，減輕腰部的承重，降低腰痛風險。這些創科產品能減少長者在生活上的不便，並提高長者對創科的認知。

除舉辦嘉年華外，筆者認為舉辦創科競賽亦是一個有效營造創科氛圍的策略。「青少年科技創新大賽」作為全港規模最大、最具代表性的 STEAM 競賽，自 1997 年開始舉辦，2025 年已踏入第 27 屆。這大賽在 2024 年吸引了共 250 間學校、近 4,000 個項目參賽，並頒發超過 250 個獎項，為青少年提供了一個展示創意思維和創新設計的平台。透過參加創科大賽，青少年不僅能夠展示自己的研究成果，還有機會脫穎而出，受大會推薦參加全國及全球最大規模的科學比賽，並在其中取得佳績。

在以往比賽中，參賽者提出了許多創新項目，如太陽能窗簾、電子捕鼠器、環保捕蚊器和可自然分解飲管等，這些成果不僅展示了青少年的創新能力，也反映了當代社會對可持續發展的關注。透過創科比賽和成果展示，社會各界能夠更加深入地了解創新科技的潛力，進而提升對創科的欣賞與重視，形成良好的創科文化氛圍，激勵更多人投身於科技創新之中。

參考資料：

1. 深圳科技創新。李澤湘教授獲影響世界華人大獎，「科創珠峰計劃」開拓人才培養新路徑。取自：https://mp.weixin.qq.com/s?__biz=MzA5Mzc0NzkzMA==&mid=2649541819&idx=2&sn=90256b4e35c6167fd6e0a9a0309a6bdf&chksm=8841430ebf36ca184c805326d3a6c67c6aac0c7d210f5e1d1320920a67ec3344e46d20ac7207&scene=27

2. 黃雅慧（2025 年 1 月 11 日）。〈兩岸人物／大疆教父 創科技獨角獸〉。《經濟日報》。取自：https://money.udn.com/money/story/5603/8482852.

3. 王明芳（2025 年 2 月 12 日）。〈科技奇才｜DeepSeek 85 後創辦人梁文鋒起底 傳身家逾萬億超越黃仁勳〉。《經濟日報》。取自：https://topick.hket.com/article/3899674/%E7%A7%91%E6%8A%80%E5%A5%87%E6%89%8D%EF%BD%9CDeepSeek%2085%E5%BE%8C%E5%89%B5%E8%BE%A6%E4%BA%BA%E6%A2%81%E6%96%87%E9%8B%92%E8%B5%B7%E5%BA%95%20%20%E5%82%B3%E8%BA%AB%E5%AE%B6%E9%80%BE%E8%90%AC%E5%84%84%E8%B6%85%E8%B6%8A%E9%BB%83%E4%BB%81%E5%8B%B3

4. 特約記者（2024 年 9 月 20 日）。〈無創產檢到癌症篩查　盧煜明：以科學改變世界〉。《經濟日報》。取自：https://paper.hket.com/article/3829665/%E7%84%A1%E5%89%B5%E7%94%A2%E6%AA%A2%E5%88%B0%E7%99%8C%E7%97%87%E7%AF%A9%E6%9F%A5%20%C2%A0%E7%9B%A7%E7%85%9C%E6%98%8E%EF%BC%9A%E4%BB%A5%E7%A7%91%E5%AD%B8%E6%94%B9%E8%AE%8A%E4%B8%96%E7%95%8C

5. GOGOVAN（2015 年 2 月 26 日）。〈28 歲的 GOGOVan 創辦人 Steven Lam〉。取自：https://www.gogox.com/hk/blog/news-menclub-founder-steven-lam/

6. 香港特別行政區新聞公報。〈「創新科技嘉年華 2024」十月二十六日至十一月三日舉行（附圖）〉。取自：https://www.info.gov.hk/

gia/general/202410/04/P2024100400461.htm

7. 香港青少年科技創新大賽。〈第 26 屆香港青少年科技創新大賽活動回顧〉。取自：https://stic.newgen.org.hk/%e6%b4%bb%e5%8b%95%e5%9b%9e%e9%a1%a7/%e7%ac%ac26%e5%b1%86%e9%a6%99%e6%b8%af%e9%9d%92%e5%b0%91%e5%b9%b4%e7%a7%91%e6%8a%80%e5%89%b5%e6%96%b0%e5%a4%a7%e8%b3%bd%e6%b4%bb%e5%8b%95%e5%9b%9e%e9%a1%a7/

9. Start me up.hk.〈inno4life 創意文化及科技創新展覽 2024〉。取自：https://www.startmeup.hk/zh-hant/events-detail/inno4life-%E5%89%B5%E6%84%8F%E6%96%87%E5%8C%96%E5%8F%8A%E7%A7%91%E6%8A%80%E5%89%B5%E6%96%B0%E5%B1%95%E8%A6%BD-2024/

路向三

吸引人才

人才對於一個社會的創科產業發展的重要性自然不必多言，科技怪傑們創業成功的孤膽英雄般的故事常為人樂道，人們常常在天才的火光照耀下默認了創科產業不過是英雄造時勢的歷史佳話。然而更加值得注意的是，從一個好點子的產生，到技術的創新，再到最終落實成一個創科企業，其中固然少不了一兩個有想法的創業領袖的加持，但所要調動和配備的，其實是社會中更大範圍內的人才資源，只有不同領域內的人才通力合作，才有可能最終促成一個優秀的創科企業的誕生。從最上游的高端科研型人才，到企業家型的謀劃、決策型人才，再到精於市場調研、能摸準當下經濟環境命脈的實操性人才，它們或是集於一體，或是在一個完整的產業鏈之中環環相扣，是創科產業必不可少的組成部分。

創科人才的累積，除了依靠從無到有的培育機制之外，另一個十分重要的思考維度就是對於那些已經成熟的、具備一定能力的人才，如何吸引他們來港、留港，並且充分發揮他們的能力，這即是本節意圖討論的問題。在大力發展創科的趨勢下，中央政府和香港政府在其發展規劃中都強調了吸引人才的重要性，「十四五規劃」指出要「構築國內外優秀人才的科研創新高地」，而「香港創新發展藍圖」中也強調了要從多個階段培養人才，多種管道招募人才。可見此問題已經落於創科發展的重點方向之中。

經過數年來的努力，香港社會對於吸納創科型人才的關注度逐步提升，也有一系列配套的政策出台，並逐步配合實施情況予以細節處的完善，如「高端人才通行證計劃」、「非本地畢業生留港／回港就業安排」等，充分展現了對外來人才的歡迎態度；而科學園等科技園區內劃出可供住宿單位，也體現了對於創科人才的優待態度。然而，參看近年香港的移民潮所帶來的部分人才流失，與科創產值佔比未見大幅提升的情況，可見香港的人才政策方面仍然有省思的餘地和提升的空間。

以下將就香港的現狀而言，分析其吸引創科人才的優勢和弱點，並給予針對性的提議。

首先是弱點的部分。香港的人力成本較高，且少稅收、靈活度高的政府組織模式難以對人才們承諾制度上的保障，綜合來看，對於科技創業者來說，需要承擔的風險也相對更高。對於創科人才創業前期的生活保障並不能像是杭州、深圳這樣的城市所做到的那樣周全。舉例說，杭州對於初創團隊的大學生創業者們的補助最高可達 20 萬元，此外還有生活方面的補助；深圳目前為來深創業、工作的高校應屆畢業生提供 15 天的免費住房，對於來深創業的人士提供保障性租賃住宿。這使得這些剛剛進入創科賽道的學生所需要承擔的風險更小，從而可以更有效地激發更多有才之士的積極性。而香港所能給予的補助與資金支持，相較於香港本地的生活成本而言，就顯得並不突出了。另外，我們注意到杭州也實現了科創中心和大學體系之間互通的人才評聘制度，使得在創科領域中表現優異的個體，有機會直接獲得大學本部的職位和編制，這一舉措顯然給予了風險系數較大的創科行業一個托底意義的保障。然而，在短時間內改變香港科研機構的組織模式與人才評聘制度並不現實。

其次，香港本地市場小，是很明顯的阻礙創科產業發展的劣勢因素，即使有價值的創科企業在創立初期的進展速度可觀，甚至成功在香港上市，其受限於香港本地市場規模，而難以借此豐滿羽翼。與金融行業往往不需要實體的市場規模作為支撐不同，創科行業想要在香港的整體經濟中獲取更好的表現，必須要解決小市場的難題。對於外來人才來說，如果其本國、本地的可用以發展的市場規模更大的話，自然不會優先選擇在發展潛能小的香港創業。這一點如果和深圳、杭州這樣的內地創科重點城市作比較，問題也就更加明顯。就拿杭州來說，雖說近年來杭州政府對於高端人才的吸納上重下血本，提供高額項目補助和生活津貼是使其增加吸引力的原因之外，不可忽視的是杭州可以同時以一整個城市做試點，也可以在其試驗成功後便捷地將產品推廣至全國，只要其創新性價值得到保證，便會以極快的速度在全國市場普及，並且憑藉中國內地人口基數的優勢成長為巨型企業。阿里巴巴的電子支付就是一個很好的例子，有這樣的珠玉在前，兼具高效率與大範疇的創科環境與切實得到保障的創科落地途徑，無疑是吸引創科人才的重要亮點。對於香港的企業來說，在發展壯大自身的效率上就難以與其相比。

對於和香港經濟結構較為相近，同時人才引進策略上也較為相近，同為外來人口佔比很大的新加坡，雖然也面對着生活成本高、租房壓力大、市場規模小等問題，但是較之香港來說，新加坡的城市建設、生活環境無疑是一大優勢。在面對同樣壓力的情況下，人才們可能更願意選擇更加具有宜居性、清潔、安全、城市空間寬敞的新加坡。

然而，香港在吸引人才上的優勢面也是不可忽視的。首先，本港具備多所在科研方面綜合實力強勁的大學，積累了足夠的專業性師資力量與研發團隊，是帶動創科產業的主要能量來源，有益於產生人才的群聚效應，吸引更多科研人才來港交流，並留下工作，加入優秀的團隊。其次，香港的經商環境背靠大陸，面向海外，也是獨一無二的，較之新加坡而言具備了近水樓台的大陸市場作為支撐，而相較於內地創科重鎮而言，低稅收、資金流動性大的特點也發揮了它積極的一面，比較容易在市場競爭中激發出創科企業的活力。最後，香港經過多年來吸納外來人口的經驗，一系列配套流程都已趨完善；而正得益於其小政府的組織模式，在香港創立企業的流程更加簡便，這樣一種高流動性的特點，對比於高制度化的組織模式來說，給予創業者的自由度更高。

結合以上分析，筆者認為，香港社會在吸引人才這件事中仍然大有可為。香港社會具有進一步吸納、培養創新型人才並讓他們施展才華的土壤和空間，重點在於加強他們留港的信心和意願。

針對香港生活成本高，租房壓力大這一類人才們的現實經濟考量來說，固然香港的居住環境，並不是在一時一刻可以改變。但是，也可以着意提升綜合意義上的香港這個城市的宜居性，以期在一定程度彌補空間小、租金高的短板，用更舒適、溫暖的生活體驗這一軟性居住環境質素來吸引人才。在引進人才方面也要進一步放寬對於其家人進入香港探視，或甚至跟隨定居香港的政策；圍繞幾個創科中心多增設幼兒託管的機構，讓創科人才在追逐創業之夢的同時，也能保有其正常的家庭生活。

針對香港市場規模小，使得香港和內地創科重鎮相比對人才的吸引力較低這一點，筆者認為，緩解這一難題的關鍵，還是在於全面加強和內地的合作、溝通和互相學習。首先，幫助內地考生可以更容易地參加香港中學文憑考試是一個可取之路，這樣可以促進教育資源互通，以至於人才互通，培養內地人才對於香港環境的認識和認同，讓他們更願意留港發展。而為了讓內地考生可以更加順暢地備考，可以在內地增設更多針對香港中學文憑考試的培訓機構，並且輸送相關師資。同時，香港也應着力關注其人才配置的多元性，不僅需要繼續吸引高端人才，其中端的人才緊缺問題也值得重視，如果可以在大灣區增設職業學校，培育更多技術類的人才，將為香港創科產業提供支撐。

此外，想要更加直接的從根源上解決香港市場規模小的問題，無疑還是要通過促成香港企業對於內地大規模市場的利用。以在香港的人工智能公司商湯為例，就能發現其在經由在大灣區逐步打入內地市場，經受足夠多的歷練與足夠多的資源吸取之後，方才壯大規模，走向全世界，而這樣的例子在香港而言卻還並不多見。一旦香港徹底打通幫助其上市企業進入內地市場的產業道路之後，香港本地的市場規模小就不再是一個棘手的問題，愈來愈多的香港企業可以經此道路獲得成功，從而愈來愈多的人才，在內地市場規模較大這一優勢不再那樣顯著的情況下，考慮到香港對外貿易的自由港優勢，也有了更多選擇香港的經商土壤進行首創的心情。然而，打通內地市場的路仍然需要一步步來，目前可以具體聚焦於對於「河套深港科技創新合作區」的進一步建設和開發利用上，筆者建議可以由科技部、深圳市政府及香港特區政府三方聯合成立一家機構，提高行政效率；並且，利用雄厚科研資源，令大學在大灣區設立分校，輸送更多科研力量到合作區，帶動產學研一體化發展。

最後，人才問題應標本兼治，不可完全依賴獎勵與補助措施，更要着重扭轉科研高端人才的思維方式，讓他們認識到產學研一體化的可行性與重要性。開設創科競賽、文化節等活動，是香港社會在未來幾年中都應該堅持進行的，將更多的專門性人才轉化成創科人才。同時，在對知識產權的保護上也值得香港社會再費一番功夫，在各大高校設立專門的知識產權機構會是一個可取的方式，幫助科研成果落地，可以為創科產業提供有效保障，同時也起到增進高端人才的創科意識的作用。

綜觀以上所言，應對香港社會中創科人才問題，應當揚長避短、發揮好香港得天獨厚的自由港優勢，建立獨具香港特色的人才高地。如果可以進一步改善香港整體的城市建設，增大生活與育兒便利，並持續疏通內地市場的管道，有效利用大灣區的試點場所，與內地進行多元人才互通，那麼香港的人才累積便能為其創科產業帶來更多支持。

參考資料：

1. 中華人民共和國中央人民政府。《中華人民共和國國民經濟和社會發展第十四個五年規劃和 2035 年遠景目標綱要》。取自：https://www.gov.cn/xinwen/2021-03/13/content_5592681.htm
2. 中華人民共和國香港特別行政區政府創新科技及工業局。《香港創新科技發展藍圖》。取自：https://www.itib.gov.hk/zh-hk/publications/I&T%20Blueprint%20Book_TC_single_Digital.pdf
3. 香港人才服務辦公室。人才入境計劃。取自：https://www.hkengage.gov.hk/zh-HK/how-to-apply-for-a-visa/talent-admission-schemes/
4. 香港商報。〈提供 392 間房吸引創科人員租住 科學園創新斗室啟用〉。取自：https://www.hkcd.com/content/2021-04/07/content_1260582.html
5. 杭州市人力資源和社會保障局。〈《杭向未來・大學生創新創業三年行動計劃（2023-2025）實施細則》政策解讀〉。取自：https://hrss.hangzhou.gov.cn/art/2023/12/15/art_1229196651_1839107.html
6. 杭州市科學技術局（2024 年 11 月 4 日）。〈蕭山：以科創平台為引擎 構建復合型創新人才引育體系〉。取自：https://kj.hangzhou.gov.cn/art/2024/11/4/art_1228922128_58927682.html
7. 杭州市人力資源和社會保障局（2021 年 12 月 20 日）。杭州市應屆畢業生生活補貼申請指南。取自：https://hrss.hangzhou.gov.cn/art/2021/12/20/art_1229125918_3981064.html
8. 《杭向未來・大學生創新創業三年行動計劃（2023-2025）》（徵求意見稿）。取自：https://zjjcmspublic.oss-cn-hangzhou-zwynet-d01-a.internet.cloud.zj.gov.cn/jcms_files/jcms1/web149/site/attach/0/3ddd412d74d54ae5b6e08ac1a3847a1b.pdf
9. 深圳市人民政府辦公廳。深圳市政府新聞辦新聞發佈會。（打造最好科技創新生態和人才發展環境）。取自：https://www.sz.gov.cn/cn/xxgk/xwfyr/wqhg/20250223/

10. 單驥。名家觀點。新加坡全球人才引進策略對我國之啟示。取自：https://ws.ndc.gov.tw/Download.ashx?u=LzAwMS9hZG1pbmlzdHJhdG9yLzEwL3JlbGZpbGUvNTU2Ni84ODExL2JkY2MzNzY3LTZjZjctNDQwNy1hZTdlLTc3ZDc2ZDY3Y2NiOS5wZGY%3D&n=6KuW6KGhMTUtMl80LuWQjeWutuingOm7njAxX%2BaWsOWKoOWdoeWFqOeQg%2BS6uuaJjeW8lemAsuetlueVpeWwjeaIkeWci%2BS5i%2BWVn%2Bekui5wZGY%3D&icon=..pdf

路向四

引進創科企業

自 1997 年回歸以來，筆者見證着香港在經濟轉型及多元發展的背景下，逐步由知識型經濟，慢慢重視創新科技領域的發展。作為全球最自由的經濟體之一，香港的資本流通便利、司法制度完善、稅制簡單透明，這些特質曾吸引跨國企業將亞太總部紮根於此。然而，隨着全球科技競爭加劇，香港的科創發展面臨內外挑戰。從早期依賴金融地產的單一經濟結構，到近年特區政府提出「再工業化」與「國際創科中心」的願景，香港的科創政策逐漸從萌芽去到系統化的階段。

在近年的發展中，香港進一步推出吸引科技企業的政策。2022 年施政報告中，政府宣佈成立「引進重點企業辦公室」（OASES），專責接觸和吸納具策略意義的科創企業，涵蓋人工智能、大數據、金融科技、生命健康科技、新材料及新能源等範疇。截至 2024 年 11 月，第三批 17 間重點企業已成功簽約，來自中國內地、美國及歐洲，並涉及人工智能與大數據、生命健康科技、金融科技及先進製造等領域，其中包括生物科技公司 Insilico Medicine、人工智能企業 SenseTime 等。

此外，政府於 2023 年推出「新型工業加速計劃」，透過資金及政策支援，鼓勵企業發展高端製造業，包括生物科技、生物醫藥、半導體、智能製造等範疇。此計劃旨在推動香港工業升級轉型，促進本地供應鏈發展，並提升香港在全球市場的競爭力。

同時，香港政府亦推行「高端人才通行證計劃」，吸引世界各地的科技專才來港發展，為本地創科企業提供高質素人才資源，並鼓勵大學與企業加強合作，推動產學研發展。

隨着全球科技創新浪潮席捲各地，香港作為國際金融中心正努力向創新科技轉型，致力於引進和培育高科技企業，推動新質生產力的發展。過去數年來，香港政府及各大園區如香港科技園、數碼港紛紛推出創新基金、培育計劃及招商措施，以吸引國內外優質科創企業入駐，打造一個國際化的創新生態系統。儘管在資本、國際連接和法律環境方面擁有獨特優勢，但香港在人才培育、產業鏈完整性以及招商引資方面仍面臨不小挑戰。

此外，數碼港作為香港另一重要的創科基地，也不斷通過創業支援計劃，吸引優質科技企業落戶。數碼港旗下的創投基金及培育計劃，已為眾多初創企業提供資金和營運支援，推動企業加速成長，成為區內創新資源匯聚的平台，而且香港引進內地企業的策略亦日趨明確。以人工智能及智慧醫療為例，內地領先的人工智能企業科大訊飛旗下的訊飛醫療已於數碼港落戶，並成功在香港交易所上市，其核心產品智醫助理已在全國範圍內規模化應用，為香港的智慧醫療產業注入新活力。此外，哪吒汽車作為國內新能源領域的代表性企業，近期與香港科技園簽署了合作備忘錄，計劃在香港成立國際總部，利用香港低稅率、人才和金融服務等綜合優勢，推動新能源汽車產業鏈的完善和升級。同時，百度等科技巨頭也逐步在香港設立 AI 研發中心，利用香港與內地及國際市場的無縫連接，助力其人工智能及大數據技術的應用轉化。

然而，在全球化競爭加劇的背景下，深圳與新加坡作為亞洲科技創新的重要樞紐，通過多元化的政策支持、國際化合作與創新生態系統的構建，不斷吸引全球科創企業落地生根。兩地雖在發展路徑上各有側重，但均在金融支持、人才引進、招商機制及國際協作等方面展現出獨特優勢，參考新加坡和深圳的招商引資政策，香港在引進科創企業時，仍有不少學習或借鑒的地方。

新加坡的策略與成效

新加坡被譽為亞洲最具吸引力的創科樞紐之一，其成功關鍵在於由政府主導、制度化的招商引資策略，尤其是針對高增值產業如生物科技、精密工程、人工智能與數據科學的定向引導。這種策略核心是透過新加坡經濟發展局（Economic Development Board, EDB）主導，結合政策協調、資源配置和產業營造，營造出有利創新科技企業落戶的生態圈。

EDB 是一個享有高度自主權的法定機構，直接向貿易與工業部匯報，其主席被形容為「發展新加坡經濟的沙皇」，具高度政策影響力。該局不僅負責招商，還能主導產業發展藍圖、人才政策、稅務誘因，甚至基建發展，做到「一站式」規劃與支援。透過此機制，新加坡得以因應國際環境和科技發展潮流，迅速調整策略，持續吸引全球頂尖企業落戶。

在政策誘因方面，新加坡提供具競爭力的稅務優惠，如「先鋒企業優惠」與「發展與擴張優惠」，吸引跨國企業將研發、生產及總部業務設於當地。同時，透過 Tech.Pass 與 Global Investor Programme 等簽證計劃，有效吸引全球創科人才及企業家進駐。

此外，EDB 亦積極參與風險投資與創業支援，透過 EDBI（經濟發展局投資公司）與大型科技企業合資設立初創項目，加速創新產業生態系統成形。例如在生物醫藥領域，EDB 設立 Bio*One Capital 基金，並推動建設 Biopolis 生物醫藥園區，令新加坡由「零起步」發展為亞洲領先的生物科技中心。

新加坡亦十分重視企業後續支援，EDB 會根據企業需要協調相關政府部門，協助解決土地、人力、基建等實務問題。這種「全政府動員」模式，有效減少部門壁壘，提升投資效率。成果亦非常顯著。2022 年，駐新加坡外資企業已超過 60,000 間，創造的附加價值佔國民總值達 66%，並提供超過百萬個就業機會。全球領先的製藥、醫療科技與 AI 企業，均已在當地設立地區總部或研發中心，鞏固新加坡在全球創科版圖的戰略地位。

深圳的策略與成效

深圳市政府於2024年5月推出一系列政策，旨在吸引外商直接投資。對於2023年至2027年間新增實際外商投資超過5,000萬美元的製造業企業，根據行業領域，提供1%至3%的獎勵，最高可達5,000萬元人民幣。此外，對於在深圳設立區域總部且年投資額達到1,000萬美元的跨國公司，提供一次性500萬元人民幣的獎勵。

另一方面，深圳擁有完整的製造業產業鏈和龐大的市場規模，為科創企業提供了從研發到生產的全流程支援。政府在美國矽谷、歐洲和以色列等地建立孵化器，吸引全球最前沿的項目和人才，促進國際技術交流與合作。

這些政策措施吸引了大量企業在深圳落戶。2024年上半年，深圳新增了3,683家外商投資企業，佔全國總數的13.7%。其中，西門子在寶安區設立了運動控制研發和創新中心，這是西門子數字化工業在粵港澳大灣區設立的首個硬體和軟體研發創新中心，旨在推動運動控制技術的創新研究和加速研發成果的商業化。此外，蘋果公司於2024年3月宣佈，將於當年晚些時候在深圳設立應用研究實驗室，旨在提升其主要產品的測試和研究能力，並加強與當地供應商的合作。

未來，香港應憑藉「一國兩制」賦予的獨特優勢，繼續發揮「背靠祖國、聯通世界」的重要角色。特區政府必須加強協作，積極把握「十四五」規劃、粵港澳大灣區建設等國家戰略帶來的重大機遇，強化招商引資工作，吸引更多重點企業落戶香港，促進產業升級與經濟多元發展。此外，要支援除重點企業以外的所有海外及內地企業，提供「一站式」服務，協助有意來港發展業務的企業了解本地營商環境，順利落地及擴展；同時加強全球投資推廣，善用香港駐外經貿辦事處網絡，向國際商界講好香港故事，展示香港在法治、人才、基建及創科方面的競爭優勢，吸引更多優質投資。

參考資料：

1. 梁志傑。(2024 年 5 月 10 日)。立法會秘書處資料研究組資料摘要。新加坡及愛爾蘭的投資推廣統籌機構。取自：https://app7.legco.gov.hk/rpdb/cn/uploads/2024/IN/IN09_2024_20240510_tc.pdf
2. 香港城市大學（2024 年 1 月 29 日）。城大旗下兩間初創企業 . 榮膺「2023 德勤香港高科技高成長及明日之星」。取自：https://www.cityu.edu.hk/hktech300/zh-hk/media/latest-news/two-cityu-start-ups-honoured-2023-deloitte-hong-kong-technology-fast-and-rising?utm_source=chatgpt.com
3. 中華人民共和國香港特別行政區政府（2025 年 1 月 17 日）。投資推廣署。〈健康科技創新企業發揮香港優勢 提高全球影響力〉。取自：https://www.investhk.gov.hk/zh-hk/case-studies/health-tech-innovator-leverages-hong-kong-s-strengths-for-global-impact/?utm_source=chatgpt.com
4. 引進重點企業辦公室。關於我們。取自：https://www.oases.gov.hk/zh-hk/about-oases.html
5. 行政長官 2022 年施政報告。取自：https://www.policyaddress.gov.hk/2022/tc/p25.html?utm_source=chatgpt.com

6. 訊飛醫療（2024 年 12 月 20 日）。〈。〈科大訊飛及訊飛醫療獲選特區政府「重點企業夥伴」，立足數碼港拓展人工智能研發應用及加速業務國際化〉。取自：https://www.iflyhealth.com/cht/news/181/799.html

7. 維科網 · 維科號（2024 年 12 月 20 日）。〈中國科技大爆發，深圳低調的背後〉。取自：https://mp.ofweek.com/im/a656714602587

8. 《信報》。〈437 個初創單位滿師畢業 創歷年新高科技園：香港創科生態圈黃金時代已經來臨〉。取自：https://www.ejtech.ai/market-update/437 個初創單位滿師畢業 - 創歷年新高科技園：香港創 /

路向五

加強與大灣區合作

由於地域接壤加上生產要素差異，香港和廣東省各個城市之間的商貿合作，從內地改革開放以來就持續不斷。從改革開放初期的「前店後廠」的商業模式，使得廣東和香港兩地分別體驗到經濟騰飛，再到香港回歸之後，雙方合作態勢逐步深化。近年來，活躍於各類輿論場的大灣區概念，主要來自於2015年中央發佈的綱領，之後確立為中央新型戰略的一部分，主旨在於促使香港、澳門與廣東省中廣州、深圳、珠海等九市，從既定模式的商貿網絡中脫胎換骨，在一個更加綜合、複雜、立體的模型之中實現醫療、教育、基礎建設以及貿易等多方位互聯互通。2019年的《粵港澳大灣區發展規劃綱要》中，也強調了發展創科產業為建設大灣區的宗旨之一，致力於將其建設為國際創新中心。可以注意到，大灣區概念的提出和應用，切中了經濟轉型與結構升級的轉折點，是和香港與廣東兩地在相繼提升其經濟實力過後，共同面對的知識型經濟新標準息息相關的，着眼科創也是大灣區發展的重中之重。

事實上，對於香港科創產業的發展而言，促成大灣區合作，也是一個值得重視的機遇。香港創科產業長久以來面對的難題都有望藉由大灣區合作迎來轉機和緩解，比如幫助拓寬科創企業的市場、提供創科產品的試點場所、補充中游的技術性人才，以及緩解生產成本較高的問題，從而通過加速創科產業的發展來最終實現香港知識型經濟的轉型。我們也可看到這一聯動自然不同於過去完全以市場機制所主導的內部調配，而是需要各種政策的引導而實現對於兩地基礎創科環境、貿易環境的深層次耕種，如何可以打造一個更合適於大灣區合作的環境，這將是本節所述的主題。以下將就目前香港與廣東各城市之間生產要素的差異，來分析大灣區合作的潛能與阻礙，並探討具體可以予以提升、完善的方向。

跨界區域合作往往發生於處在經濟發展不同階段的地區之間，強調區域內的各城市發揮不同功能，綜合不同城市的資源，從而產生協同效應，達至共贏的效果。以馬印新成長三角為例，在多年來的經貿合作之中，新加坡利用馬來西亞與印尼的下游產業鏈資源；而馬來西亞也借助新加坡補足其高端人才與資金缺口問題；印尼借助外來資金增設了許多新興就業崗位，朝向工業化城市邁進。如果將其作為跨區域經濟圈共通發展的成功案例，我們可以看到，其中起到決定性的因素有：地理相鄰，資源互補，以及適宜國際貿易的環境以吸引外商投資。固然，粵港澳三地在地理上的接近是有利於深化合作的基礎；然而，深圳、廣州近年來的生產總值超越香港，產業結構也全面升級，雖說在人力成本上仍然較之香港負擔較輕，但確實也難以達成如早年「前店後廠」的商業模式，或是馬印新成長三角這樣的高度比較優勢與面對全球市場競爭力。可見大灣區合作仍需另謀出路。

當然，就創科產業而言，大灣區合作仍然具有它的獨特優勢。首先，廣東的各個城市在創科產業中皆有其可以發揮的特長，至今為止亦已經積累了許多經驗，其較為完整的產業鏈配備、基礎設施建設與創投系統的日趨完善，也為新興創科企業的誕生和發展打下了基礎。深圳在創科產品落地，打造科技公司集群這一方面領先於香港一步，早就形成了以電子資訊產業為核心，兼有生物醫藥、新能源汽車等多種以新科技帶動的產業群體，覆蓋研發、製造、應用、服務的全鏈條生態系統，不僅匯聚了中國國內各大新興產業的龍頭企業，如華為、騰訊、華大基因等，同時擁有在兩小時產業圈內可便捷直達的中下游合作夥伴，涵蓋模具廠、電機廠、配件廠等，是電子科技類初創企業的理想選址。

深圳的創投生態體系也是在中國國內最為完整的，不僅受到政策偏重，有諸如深圳天使母基金的政府投資，而且各路資本也較為活躍，聚集了佔據全國三成的創投機構。廣州則在生物醫藥領域較為突出，有廣州國際生物島聚焦基因治療與醫療器械，營造了一個配備有一整套支撐服務體系的生物科技研究環境，也有如廣州科學城這樣的可供各種外包工業生產的場地資源。除此以外，廣東省中的佛山、東莞、惠州等地的製造業網絡，都可為這些一二線城市之中的科創企業提供生產協同。

就香港而言，可能在製造業等中下游產業方面較為缺乏，但是香港的科研平台不少，且綜合實力較為雄厚，共有十六個國家重點實驗室，科研人才充裕。此外，香港長期在金融行業的影響力處於亞洲龍頭位置，使得其可以擔任一個很好的資金樞紐位置，擁有自由開放的資本市場，匯聚了國

筆者作為深港科技社團聯盟香港聯合召集人發佈年度報告

際銀行、私募基金和諸多風險投資機構，可以為大灣區吸引更多國際流動資金的管道，助力大灣區的企業國際化融資；同時香港的普通法體系與國際接軌，可以在跨國投資的爭議解決中提供保障，其關稅自由、企業所得稅低等特質，也為企業打造了更有利於初期發展的營商環境。

因此，就此局面來看，筆者認為香港在大灣區合作之中，不僅可以給內地產業提供進一步發展的助力，更可以借助大灣區的東風提升自己的科創實力。更重要的是，如果更高效融合大灣區資源，其作為一個新興經濟體將大有可為。

首先，就大灣區的進一步合作範式而言，可以踐行香港研發、深圳轉化、珠三角製造的因地制宜的創科成長三角概念。結合香港的科研能力與金融中心位置，深圳的中下游產業鏈與廣州其他城市中的製造業，可以連接而成新型的跨地域產業協同機制，由香港提供高端的技術支持與吸引國際資金的平台，從而實現在創科生態之下的新一輪資源互補的樣態。例如在河套區的深港科技創新合作區就有助於實現這一點，進一步將地理鄰近的合作優勢面完全發揮，可以更加高效的溝通、對接香港科研機構的最新成果與深圳的產業鏈資源，讓有價值的科研成果早日投入商業開發的流程，反向回饋給科研開發者的知識產權利益，也可以有效激勵香港的科研人才以取得更多的技術進步。

這個過程中也解決了香港創業者所面對的規模小等一系列香港特殊的市場環境所造成的阻礙，如果可以讓那些在出自香港，兼有香港科研機構教育背景的創業者們更加便捷地利用大灣區的平台和資源，利用生產成本較低的城市完成基礎零件加工，同時利用特殊指定的場所進行產品的初期投入試點，並且借助大灣區的管道，早日將產品投入大陸更加廣大的市場之中，無疑是對於香港科創人士的福音。

如果想要做到這一點，就需要進一步打破政策壁壘，讓大灣區之間的物流、人流與資金流更加順暢，更加高效。深化制度創新，並在政策上促進兩方流動更加通暢，無疑是緊迫的任務，包括進一步在各個深圳與香港關口推進無感過關的應用，將有助提高人才往來的便捷程度；加速深港之間資訊與資金交流往來，也可以幫助在港的創業者更方便去視察工廠或者與下游合作夥伴洽談。除卻物理意義上的人流之外，更多的數據、資訊的交互往來發生於無形的網絡世界，這時，內地數據出境安全審查與港澳國際化的數據規則衝突，就成了阻礙兩方合作的重要問題，針對這一點，可以在河套區試點數據無障礙流動的政策，建立跨境數據的白名單，不讓數據流通障礙減緩合作效率。此外，市場規則、監管制度與法律體系的不統一，也會打消合作者的積極性與耽誤合作效率。如在香港研發的新藥如果通過大灣區的試點投入內地的市場的話，就需要面臨和在香港的藥品審批不同的標準，而由於其法律系統不一，在發生商業糾紛的時候，也難以找到讓兩方信服的管道予以解決，對於香港的創業者來說，可能就會對大灣區的資源望而卻步。要解決這一系列的問題，無疑需要在政策上發揮創造力，為新興產業開闢一個予以優待的無障礙通道，比如在大灣區特別設立國際仲裁中心，在河套合作區設立一套統一的針對醫藥產業等不同行業的規則，這樣至少讓香港地區新研發的產品在投入大灣區試點的階段中，不要面臨太多的阻礙。

另一方面，如中央在基礎規劃中所說，大灣區的概念並不僅限於產業協同的合作。除卻以各自獨立的產業作為基礎，連接成環環相扣的鏈條式關係，也可以進一步打碎之後嘗試你中有我的水乳交融式合作。也就是說，香港融入大灣區已經成型的科創生態圈之後，可以在一個更大範疇之中優化資源配置，實現共同繁榮。筆者認為，加強科研資金的跨境流動，是實現這一目的的有效手段。可以由國家相關部門牽頭，聯合各國家級基金並吸納內地民營科創基金，共同設立「跨境投資聯合基金」。按照特區政府創科產業引導基金出資比例，在接受合規監管的同時，在香港設立專項子基金。這樣的舉措不單有助於香港的科創企業吸納內地的資金，而且可以幫助香港和深圳、廣州及其他城市之間形成有效的良性競爭，共同促成優秀創科品牌的誕生。

另一個側面的問題，就是要降低惡性競爭帶來的資源損耗，優化產業鏈分工，於此可考慮共建共用平台，建立統一的知識產權交易市場，在一定程度上保障技術創新成果的共用。此外，舉辦國際性創科類論壇和創科競賽，也是在文化層面營造創科環境，奠定大灣區創科生態圈地位的可取之途，比照北京中關村論壇在吸引全球頂尖科學家、領軍企業家、新銳創業者的號召力，從而提升本地創科實力的前例。我們可以想見，如果更加集中大灣區的資源力量形成創科的集群，多多舉辦類似的前沿科技論壇，招攬全球的人才，形成前沿技術研討、商業論壇集聚的空間，就一定可以打造一個更加具有內在活力的創科生態圈。

總而言之，希望未來大灣區各地皆發揮出各自的比較優勢，通力合作，實現在總體上的資源整合，使港深廣三地聯通大灣區其他城市，共創和諧共進的創科生態圈，逐步提高其國際競爭力。

參考資料：

1. 中華人民共和國中央人民政府（2019 年 2 月 18 日）。中共中央國務院印發《粵港澳大灣區發展規劃綱要》。取自：https://www.gov.cn/gongbao/content/2019/content_5370836.htm

2. 香港貿發局（2024 年 1 月 4 日）。經貿研究。《粵港澳大灣區國際一流營商環境建設 3 年行動計劃出台》。取自：https://research.hktdc.com/tc/article/MTU4MDQ4OTEzNQ

3. 中華人民共和國香港特別行政區創新科技及工業局（2024 年 11 月）。《河套深港科技創新合作區香港園區發展綱要》。取自：https://www.itib.gov.hk/assets/files/%E6%B2%B3%E5%A5%97%E6%B7%B1%E6%B8%AF%E7%A7%91%E6%8A%80%E5%89%B5%E6%96%B0%E5%90%88%E4%BD%9C%E5%8D%80%E9%A6%99%E6%B8%AF%E5%9C%92%E5%8D%80%E7%99%BC%E5%B1%95%E7%B6%B1%E8%A6%81%20(TC).pdf

4. 香港特別行政區新聞公報（2024 年 11 月 20 日）。政府公佈《河套深港科技創新合作區香港園區發展綱要》。https://www.info.gov.hk/gia/general/202411/20/P2024112000134.htm

5. 李芝蘭，羅曼。《二十一世紀評論》。《超越「聯繫人」角色：大灣區時代香港的發展機遇》。取自：https://www.cuhk.edu.hk/ics/21c/media/articles/c191-202203032.pdf

6. 粵港澳大灣區。創新要素跨境流通。取自：https://www.bayarea.gov.hk/gbais/tc/development/innovation-and-technology/cross-boundary-remittance-of-research-and-development-funding-from-mainland-to-hong-kong/

7. 中關村論壇。關於論壇。取自：https://www.zgcforum.com.cn/about/introduce

路向六

完善創科生態圈

自首任特區行政長官董建華於 1998 年 3 月成立行政長官特設創新科技委員會以來，香港在創新科技領域已經深耕了 27 年。這 27 年裏獲得的成績也是有目共睹的，截止 2025 年 3 月，香港目前已經有近 4,700 間創科企業落戶。同時，在排名上也在積極靠前，如在《2024 年全球創新指數》中，深圳—香港—廣州在全球創新指數百強科技集群中連續五年排名第二。

誠然，若是要形成一個良好的創科生態圈，則還存在很多不容忽視的問題。首當其衝的，便是行業人才短缺，這在一定程度上制約了創科企業的發展速度與創新能力。其次，資助申請周期冗長，使得不少企業在資金周轉上壓力倍增，錯失發展良機。此外，政策扶持力度也有待進一步加強，以更好地激發企業創新活力。

所以筆者在立法會工作中，就特區政府如何有效地促進科技轉移，提升香港工商業界的創新能力和生產力，也曾向政府提出了不少意見和建議。筆者認為，政府須考慮各項「關鍵成功因素」，方能成功讓本地創科圈實施閉環。

一、知識產權的保護與管理

在當下的知識成果轉移進程中，知識產權的重要性不言而喻。從科研成果的誕生到最終產品走向市場，知識產權貫穿始終，發揮着關鍵作用。在上游，科研成果的知識產權只有得到妥善保護，才能夠順利轉移至中游，開展原型測試。而下游產品想要成功出海，其國際知識產權也必須得到良好的保護，也只有在前期明確科研成果的知識產權歸屬，後續的成果轉化環節才能順利推進，避免出現阻礙。

筆者常說，香港擁有世界級的科研實力，專利轉化率卻長期徘徊低位，而究其根源就在於「產學研」三端的斷層：高校科研成果缺乏市場化導向，企業需求難以精準匹配技術供給，投資者對早期項目望而卻步。這種「失聯」現象，亟需一個強有力的中介平台打破僵局。

鑒於此，筆者認為，為了有效加速科研成果轉化，推動香港創新科技的發展，政府宜參考新加坡「Innovation Partner for Impact」（IPI）的模式，設立「科研成果轉化中心」。IPI 屬新加坡企業發展局的子機構，提供全方位服務，不論是企業尋求創科解決方案，或為產品尋求推廣、銷售建議，甚或為產品尋求進軍國際市場的方略，IPI 均可提供支援。

IPI 的職員普遍接受過知識產權（IP）的相關訓練，為有關知識產權的買賣充當協調者，提供意見和協助，支援對象包括中小企業以至跨國企業；同時也擔當兩者的橋樑，造就中小企業／初創企業與跨國企業合作的機會。

另外，IPI 為中小企業提供顧問諮詢服務。IPI 過千名的顧問都是來自私人機構的領導，當中不少是已經退休的人士，自願為中小企業提供意見，分文不取。他們的經驗是 IPI 成效超卓的重要元素，他們憑實戰累積出來的經驗，提出寶貴的見解，讓中小企業／初創企業少走許多冤枉路。

因此，筆者認為，香港若參考新加坡 IPI，設立一個「科研成果轉化中心」，該中心將能發揮多重作用。一方面，它可充當科研機構與投資者之間的「紅娘」，精準對接雙方需求，加快科研成果從實驗室走向市場的進程；另一方面，它能成為企業的「盲公竹」，幫助企業尋找最適配的創新研發夥伴，引入前沿新技術，全方位推動企業創新發展，為香港的科研成果轉化與創新科技進步注入強大的動力。

同時，筆者認為在設立「科研成果轉化中心」後，大學科研單位應該把專利管理（包括推銷和轉化），從其他知識產權分別出來，交由「科技成果轉化中心」負責，主動出擊，做好產、學、研的配對工作，一方面協助大學科研成果找買家，另一方面協助企業尋找合適和值得投資的科研技術，促成雙方協作、創造雙贏。

此外，當下人工智能（AI）的迅猛發展，亦在推動科技進入全新階段。許多科技借助 AI 實現了性能與效率的雙重提升，但這也使得知識產權保護的重要性愈發凸顯。在此背景下，世界各國都展開了對人工智能的知識版權進行了明確劃分。香港特區政府也從 2024 年起計劃完善《版權條例》下對人工智能技術發展的保障，並於 2025 年 2 月中向立法會簡介就完善《版權條例》對人工智能技術發展所提供的保障的公眾諮詢結果。

然而，筆者認為香港雖然已有私隱專員公署指引及框架，但缺乏針對人工智能的特定法例，實有需要借鑒內地經驗，迅速完善本地法規，保障科技發展與國家安全。

內地在 2022 年 12 月 2 日發佈了《中共中央國務院關於構建數據基礎制度更好發揮數據要素作用的意見》（《數據二十條》），當中提出「推進非公共資料按市場化方式『共同使用、共用收益』的新模式」，也為資料治理提供了「淡化所有權、強化使用權」的價值引領與規範指引。

筆者認為，中小企業在實際的商業實踐中，可以考慮在開發 AI 的初期與版權擁有人協商，達成在產品獲利後再分配利潤的協議，這一舉措既能減輕中小企業的前期的資金壓力，也保障了版權擁有人的利益。

二、資源過河難的破局

2017 年，國務院《政府工作報告》正式提出研究制定大灣區城市群發展規劃，標誌着大灣區的建設正式成為國家戰略。

對於大灣區的建設，筆者一直認為需要明確「拼船出海」的協同理念，通過整合資源、加強合作，共同應對外部的挑戰，同時把握發展機遇。這一理念對於推動大灣區經濟一體化及提升綜合的競爭力，具有重要意義。

不過經過九年時間的觀察和分析，筆者認為當下的香港與內地在科創領域的深度融合仍面臨諸多政策壁壘和機制障礙，亟需通過制度創新和政策優化，進一步推動兩地資源的高效流動與協同發展。

以香港特區政府於2023年10月推出的「產學研1＋計劃」為例，計劃以配對資助形式，為來自八所教資會資助院校的100支及以上具發展潛力的初創研發團隊提供資金支援。筆者在2023至2024年間也多次組織各大學知識轉移部門就計劃進行討論，其間不乏有與會者提出跨境資金流動的現實困局：由於許多高校科研團隊的合作企業方來自內地，當內地企業試圖將贊助款項匯入香港時，往往面臨複雜的跨境金融壁壘。類似現象導致高校普遍擔憂項目資金鏈穩定性受損，進而可能延阻研發進度，形成「資金過河難」的現象。

「過河難」的掣肘不僅僅是局限於資金層面，更涵蓋資訊流、物流及人才流等多維度聯通障礙。不過，筆者認為，河套深港科技創新合作區香港園區（「河套香港園區」）的全面建成，恰為破解此局提供了關鍵鑰匙。

特區政府「南金融、北創科」的戰略佈局隨着《河套深港科技創新合作區香港園區發展綱要》（2024年11月頒佈）的實施正逐步完善化，這不僅為創科生態構築起硬核設施基礎，更通過金融與科技的深度融合，為經濟注入強大韌性。而河套香港園區與深圳園區的協同聯動尤具戰略價值。筆者相信兩地緊密合作，將為香港創科項目在中試階段（產品量產前的驗證期）補足場地資源、應用場景及測試設施等關鍵缺口，有效打通「從實驗室到市場」的最後一公里。

在此基礎上，筆者期待政府能強化政策引力，吸引更多龍頭企業落戶河套，並通過制度創新保障項目實施，形成「研產轉化—產業集聚」的良性循環。這與筆者持續宣導的「四步銜接」戰略一齊，相信可以形成戰略共振：以「香港研發」為起點，依託灣區製造業優勢實現「技術轉移」，通過「內地市場」完成規模化驗證，最終借助香港國際化平台「出海」。

這一鏈條的邏輯支撐在於：香港雖受地理與市場規模掣肘，但大灣區擁有超十倍的人口紅利與產業腹地。將香港原創科研成果在深圳、廣州完成工程化轉化，於佛山、東莞實現產品化落地，經灣區市場檢驗後推向全國，同時引導內地科創品牌經香港走向國際，恰能構建「研—產—銷」的全鏈條閉環。

筆者認為，此模式既突破土地與市場的「天花板」，又通過跨境協同釋放比較優勢，實現「9+2 ＞ 11」的區域協同效應，為香港國際創科中心建設注入持久動能。

三、創科人才的不足

人才是創科競爭的核心，特區政府近年在「搶人才」方面已不遺餘力，惟根據國際管理發展學院（IMD）編製的世界人才排名顯示，在對海外人才的吸引力排名中，鄰近的新加坡名列全球第 5，而香港則只位於第 28 名。

這一巨大落差，暴露出香港在國際人才競爭中的結構性短板。香港擁有五所全球百強大學、國際化營商環境以及亞洲金融中心地位，卻未能將這些資源優勢轉化為對高端人才的強大磁吸效應。

筆者認為，在這背後更深層次的制約來自制度性障礙。香港與內地兩地專業資格互認缺失，致使許多關鍵領域的人才難以實現跨境就業，人才流動管道遭遇「腸梗阻」。作為在香港中文大學執教 32 年的學者，筆者親歷了科學園與數碼港的崛起歷程，深切體會到「科研轉化最後一公里」的梗阻。中層技術骨幹的嚴重短缺，正削弱着基礎研究成果的產業轉化能力。

儘管入境處已推出八項「吸引人才計劃」，但現行的人才配套政策碎片化問題嚴重，缺乏針對創科人才的全周期支持體系，難以產生協同效應。區域協同不足更是放大了香港的競爭劣勢。大灣區擁有全球最完整的產業鏈和龐大市場，可深港之間的人才流動仍受簽注政策、稅務體系等制度性藩籬制約。

要破解這一困局，筆者認為需要構建一體化「人才生態圈」：在前端培育層面，可聯合清華、港中大等名校共建聯合實驗室，推行「雙導師制」定向輸送人才；在區域聯動層面，應發揮香港「超級聯繫人」的角色，打造「大灣區人才走廊」，建立跨境職業資格互認系統，讓內地人才能夠憑藉職業資格證來港就業，緩解本地創科人才緊缺的狀況。

此外，筆者認為，更基礎的破局之道在於重塑創科人才培育體系。筆者此前在立法會會議上，建議政府在全港十八區設立「地區創科教育中心」。該體系可實現三重突破：其一，由督導委員會統籌課程框架，按學段開發模組化課程，突破校際資源壁壘；其二，中心既設實體實驗室供學生跨校選修，亦可通過「課程到校」服務輸送資源，解決場地與師資短缺；其三，建立「學界—業界」雙循環機制，邀請退休科研人員、企業工程師組成「創科導師團」，既強化實踐教學，亦搭建校企聯培平台。

此舉既可緩解當前教師不足困局，更可從源頭培育「創科新生代」。通過系統性課程設計與社會資源導入，逐步構建「小學興趣啟蒙—中學專題研習—大學產學對接」的長周期人才培育鏈。當創科素養成為全民基礎能力，香港方能突破「人才引留」的被動局面，為大灣區國際科技創新中心建設注入持續動能。

參考資料：

1. 《香港文匯網》（2025 年 3 月 23 日）。〈逾 4700 間創科企業落戶香港〉。取自：https://www.wenweipo.com/a/202503/23/AP67e020e1e4b0746cc56b5edc.html

2. 立法會秘書處資料研究組。人力事務。數據透視（ISSH23/2024）。取自：https://app7.legco.gov.hk/rpdb/tc/uploads/2024/ISSH/ISSH23_2024_20241028_tc.pdf

3. 香港新聞公報（2024 年 9 月 19 日）。〈香港在《2024 年世界人才排名》躍升〉，取自：https://www.info.gov.hk/gia/general/202409/19/P2024091900283.htm

路向七

抓緊機遇
發展創科產業的策略性範疇

創科產業自身的更新，與科技發展水準和人類活動的融合程度息息相關。當人的生活與工作世界被科技的滲入程度愈來愈深，也就意味着科創產業的觸角愈來愈細密，無論是不同產業的生產活動、組織模式，還是城市建設，甚至居家娛樂、出行交通等多方面，都不可避免有科技的參與。推動知識型經濟不僅在於提高以科技產品為主導的企業的總體佔比，更意味着在既存企業的生產流程、組織管理、市場檢測等各個方面加大科技含量。因此，香港應響應中央關於科技創新與產業創新高度融合的指示，綜合當下產業發展趨勢、科技創新前沿問題與香港社會的優勢與短板要素，對創科產業的前景進行總體且多元化的籌劃，因地制宜地發展新質生產力。

筆者認為，人工智能領域的前景不容小覷，是香港創科產業應當着力抓住的大勢所趨；同時，電競產業在近年來也逐漸走進大眾視野，正創造着更多的有待被啟動的消費需求與有待被充實的市場空缺；此外，以人工智能為輔助的城市建設與社會福利也應當提上日程。香港社會如能抓住時代的機遇，在不同範疇的產業中都有所表現，那麼也就能進一步將自身的優勢要素轉變為引導香港經濟成功轉型的助力。以下將就這幾個不同的範疇分別詳述。

創科的發展不僅僅在於新興創科公司的創立，更是在於各行各業之中科技要素的滲透程度。就人工智能而言，雖然跟人們想像中的以機器人作為生活助手、在重要職業崗位獨當一面的可見未來仍然有一定距離，但如果就人工智能的各方面細節處的周轉可以產生的影響與變革而言，這已經是當下發生的事。從利用自然語言處理技術提供即時的客戶服務，到購物平台、視頻網站的智慧推薦，人工智能的技術進步優化了企業的商業模式，改善了用戶體驗，截至 2024 年底已有約五成的香港本地企業使用人工智能。

隨着人工智能的大幅度應用，風險和隱患也隨之而來，而香港在政策上已經為企業進一步整合人工智能做足了準備。2024 年 6 月，《人工智能（AI）：個人資料保障模範框架》的推出，正好劃定了企業採購、培訓、運用人工智能的合法邊界，以防用戶隱私洩露，維護資訊安全，為人工智能深入企業的各層工序做出保障。筆者認為，目前的當務之急，在於一方面繼續在不同領域加大人工智能的投入，另一方面政府也需進一步在細節完善相關的法律法規，令人工智能投入生產過程中的爭議有法可循。

首先，在法律法規這一塊，由於人工智能對於各個行業的介入是前所未見的，仍然有許多針對具體情境的細則需要完善。比如，由於人工智能對於內容創作的完成度之高，導致許多負責文字、圖像輸出的群體都開始探索和人工智能合作的工作、學習模式。在此情況之下，制定清晰的原創性標準就十分有必要了。對於學生群體而言，應如何在被允許利用 AI 輔助學習之外，也留存一部分考核比重用於強調其批判性及創造力，是教育體系有待進一步討論的問題；而對於文藝創作者，甚至學術研究者群體而言，人工智能生成內容的知識產權究竟誰屬？應當對此問題盡快立法，以避免創作者在營商時無意間違法的風險。筆者建議，版權人可以利用「共用創意」機制，標明他對自己所擁有的發明的用途和可予分享的權利。對於數碼作用創作者而言，也可採用「非同質化代幣」技術識別作品中的原創性和參考來源。

其次，對於企業而言，人工智能的運用對於提高生產效率自不必說，更重要的是也能以此作為啟動新型生產要素，促進科創經濟整體進步的方式。外界常認定，「人工智能＋」中的「＋」在於以應用的需求拉動人工智能，目的是將人工智能與目標應用場景深度融合，如根據應用系統的具體用處定制相應的人工智能模型。「人工智能＋」並非單是推進前向整合，而是雙向互動的，其後向整合的價值也不可忽視。因此可以從應用層下沉至基礎演算法創新，優化傳統的硬體設施等方向着手，以市場競爭反向刺激研發端的革新與上游產業鏈的進一步科技整合。例如，網絡平台或者手機程式的龍頭公司，常常為了避免上游供應商的數據掣肘或佔取高利的核心技術壟斷，常常以自發研製的可替代的硬體、數據來源、核心框架達成整合它的上游產業的目的。根據這樣的思路，最近內地研發的 Deepseek 已進入大範圍推行，政府可考慮邀請 Deepseek 來港進行研發和推廣應用，發揮香港的科研優勢，以期在幫助克服其核心技術難關的同時，帶動香港科研成果落地。此外，在政府部門內部引進人工智能的時候，也應當優先採取本地人工智能產品和服務，來支持本地企業；也可更新和拓展現有的「科技券」計劃，資助初創企業的人工智能應用，以期通過恰當的後向整合優化其成本結構，取得初步開拓市場的競爭力。

最後，對於政府而言，在行政及司法流程中善用人工智能，是減輕冗餘手續、節省人力資源、提升施政效能的好辦法，同時應利用人工智能在教育、醫療等層面提升市民生活質素。比如，人工智能在大灣區實行「無感通關」試點的過程中表現出色，讓人們在出入境的時候不需要耽誤額外的亮證時間，為港深兩地的人才流動、物流等提供了更加快捷的通道。這樣的成功案例應在更大範圍內予以推廣，也應當讓更多公務員接受使用人工智能的培訓，以期他們自主地創造性利用人工智能，提升行政效率。此外，如果能巧妙地利用人工智能，它也可以成為提高社會福利機制的有效手段，以至提高社會整體文明質素。社署可多採用居家護理科技，例如穿戴式科技實時追蹤獨居患者的生理體徵，以防因失察導致的耽誤救治時機；也可用「物聯網」技術採集動態，再利用動作分析判斷是否符合正常標準，以此應對生理機能衰退的長者在家意外跌倒等特殊情況。

談起提高社會整體文明質素，利用新興的數字化技術，改善城市基礎建設，為市民提供更好的生活環境，是首當其衝的任務。自從 2017 年香港推出《智慧城市藍圖》以來，近年香港已初步實現以電子掃碼搭乘公交地鐵、一站式政府服務平台、5G 網絡基本全覆蓋的數字化城市改造。鑒於市民生活面向日益豐富，同時數字化平台的做工也更加宜人、簡便，城市生活中仍然有很多可以利用科技手段予以改善的空間。例如，為了滿足市民的文娛類需求，可考慮將香港本地的節慶活動、展覽、演出、講座等資訊，利用人工智能的高效資訊採集和分析手法，集中在一個統一的網站之中供查詢、訂閱。以澳門為例，澳門旅遊局建立了「享澳門」APP，匯聚了文娛類的諸多活動資訊，同時可以直接連結到購票以及預約系統。筆者建議香港亦效法這樣的方式，讓網民可以更容易在線上找到香港的旅遊景點、文娛設施，這不僅可以增大香港作為旅遊城市的吸引力，也為本地居民的生活增光添彩。

電競產業在近年來的發展快速，已有逐漸取代部分傳統競技項目，俘獲大多數青年觀眾，形成初具規模的文化群體的趨勢。隨着 VR 技術日新月異，遊戲開發也進入了許多人文與科技創作者的視野，電競行業的前景一片大好。自從 2022 年電子競技正式加入杭州亞運會，足以證明它對於主流文化的更大程度的波及，而這也必定會同時開掘出更多的就業崗位，並且帶動消費，有望成為活躍香港本土經濟的有利土壤。大陸對於電競行業在政策的一貫支持，使其已佔據全球最大電競市場。筆者認為香港也可仿效這樣的成功經驗。在城市規劃中劃分一部分區域為電競專屬場地，多舉辦國際性的電競賽事，吸引廣告商的投資和外來觀眾在港消費；在高校開設電競研究課題、遊戲研發課程、舉辦以電競為主題的文化活動等，也都是可以考慮的舉措。

扭轉以電子競技為亞文化的潛在語境，使其面向更多潛在資本與市場機會，開放自身的活力，這將有助於帶動開發電子遊戲的新形態創業模式，這樣的創新活動，將科技的應用和人文的創造力合二為一，可以較少地受制於實體經濟中市場規模小、跨境壁壘高的問題。同時應注重相關人才的培養，有組織地規劃、培養、管理電競運動員，將電子競技的活動精英化，納入到高校的人才管理系統之中。這樣不僅有助於培養出優秀選手以繁榮本地電競文化，而且體系化、績效化的管理也可以反向起到約束青少年沉迷電子遊戲的作用，讓他們對於遊戲的熱情可以有一個更被大眾接受的管道予以抒發。

綜觀以上所言，香港在促進科技創新和產業創新的融合中，還有許多可以進一步收穫經濟進展、改善市民生活的空間，應當將目光放長遠，抓住行業變遷的浪潮，進一步在生產活動、公共設置等諸多方面整合人工智能，全方位促成更加數字化的現代城市。

參考資料：

1. 香港生產力促進局。〈《香港人工智能產業發展研究》報告發佈〉。取自：https://www.hkpc.org/zh-HK/hkpc-spotlights/gba20231115
2. 人民網研究院（2025 年 1 月 10 日）。〈城市電子競技產業創新發展報告〉。取自：http://yjy.people.com.cn/n1/2025/0110/c440911-40399378.html
3. 香港特別行政區政府新聞公報（2025 年 1 月 22 日）。〈立法會十五會：推進電子競技產業發展〉。取自：https://www.info.gov.hk/gia/general/202501/22/P2025012200157.htm

4. 文化局（2023 年 8 月 25 日）。〈享澳門推出手機應用程式及微信小程式方便市民旅客搜尋澳門活動資訊〉。中華人民共和國澳門特別行政區政府入口網站。取自：https://www.gov.mo/zh-hant/news/1005677/

5. 紫荊（2024 年 7 月 24 日）。〈黃錦輝：善用 AI「共享創意」避踩侵權陷阱。〉取自：https://zijing.com.cn/article/2024-07/24/content_1265712031744708608.html

【香港「由治及興」系列】

香港創新科技發展之路

黃錦輝 著

責任編輯　黎耀強
裝幀設計　高　林
排　　版　楊舜君
印　　務　劉漢舉

出　　版　中華書局（香港）有限公司
香港北角英皇道 499 號北角工業大廈 1 樓 B
電話：（852）2137 2338　傳真：（852）2713 8202
電子郵件：info@chunghwabook.com.hk
網址：http://www.chunghwabook.com.hk

發　　行　香港聯合書刊物流有限公司
香港新界荃灣德士古道 220-248 號
荃灣工業中心 16 樓
電話：（852）2150 2100　傳真：（852）2407 3062
電子郵件：info@suplogistics.com.hk

印　　刷　美雅印刷製本有限公司
香港觀塘榮業街 6 號海濱工業大廈 4 樓 A 室

版　　次　2025 年 7 月初版

規　　格　特 16 開（230mm × 150mm）

ISBN　978-988-8913-96-1